LOS BIENES RAÍCES Y LOS NÚMEROS

Guía ilustrada
para el cálculo de impuestos,
comisiones, intereses, superficies
y mucho más

**Real Estate
Education Company®**
a division of Dearborn Financial Publishing, Inc.

A pesar de que se ha procurado dar información fidedigna y actualizada, las ideas, sugerencias, principios generales y conclusiones que figuran en este texto, están sujetas a reglamentaciones municipales, estatales y federales, casos llevados a los tribunales y revisiones de los mismos. Recomendamos al lector buscar asesoría legal en lo concerniente a las leyes específicas aplicables a su localidad. Esta publicación no debe ser utilizada como sustituto de consejo legal competente.

Traducido de la sexta edición en inglés de
Mastering Real Estate Math

Dirección editorial: **Karin N. Kiser**
Supervisión editorial y producción: **Editorial Pax México**
Traducción: **José Francisco Hernández**
Portada: **Mike Neville**

Library of Congress Cataloging-in-Publications Data

Los bienes raíces y los números: guía ilustrada para el cálculo de
impuestos, comisiones, intereses, superficies y mucho más.
p.   cm.
Based on: Mastering real estate mathematics/William L.
Ventolo, Jr., Ralph Tamper, Wellington J. Allaway. 6th ed. c1995.
ISBN 0-7931-2697-5
1. Real estate business--Mathematics--Programmed
instruction. I. Ventolo, William L. Mastering real estate
mathematics. II. Real Estate Education Company.
[HF5695.5.R3854   1997]   97-17920
333.33'01'51--dc21   CIP

ÍNDICE

PREFACIO

Para sobrevivir en el negocio de los bienes raíces, es necesario conocer una amplia variedad de operaciones matemáticas. Como profesional de este ramo, usted debe saber calcular impuestos, gastos, ingresos y muchas otras operaciones involucradas en la mayoría de las transacciones.

Este libro fue escrito para ayudarlo a desarrollar un alto nivel de competencia en el uso de números y cálculos para los bienes raíces. Sin importar su nivel de experiencia en el uso aplicado de las matemáticas, la información que tiene en sus manos le ayudará a mejorar sus habilidades mediante la explicación del tipo de problemas que enfrentará en su trabajo. Lea con mucho detenimiento las explicaciones, estudie los ejemplos y solucione los problemas prácticos aplicando lo que aprenda en el material instructivo. Con un poco de paciencia, esfuerzo y concentración, usted podrá familiarizarse con los cálculos que necesita realizar.

Se ha realizado un gran esfuerzo para crear un texto preciso; sin embargo, debido a que algunas prácticas cambian según la región, le recomendamos que revise las leyes y procedimientos aplicables en el área en la que usted se encuentra. Debe considerar esto sobre todo en relación con las descripciones legales, los impuestos *ad valorem*, las cesiones de impuestos, los prorrateos, el financiamiento y el cierre.

INTRODUCCIÓN:
CÓMO USAR ESTE LIBRO

Habilidades matemáticas básicas

Este manual comienza en un nivel muy básico. Se ha hecho así deliberadamente para proporcionar algún alivio a las personas que experimentan cierta ansiedad al manejar conceptos matemáticos.

Quizá este tipo de libro de instrucciones también sea nuevo para usted. El tema que nos interesa está dividido en varios ejercicios numerados. Al seguir estos ejercicios, podrá aprender por sí mismo las operaciones matemáticas que comprenden las transacciones de bienes raíces. Además, el texto está diseñado para que se enriquezca con el aprendizaje en clase.

La secuencia de los ejercicios es importante y le ayudará a aprender con mayor eficacia. Por tal razón, se recomienda seguirla.

Casi todos los ejercicios presentan un trabajo de aprendizaje que requiere su participación. Usted no tendrá dificultad para encontrar las respuestas correctas si siguió cuidadosamente las instrucciones, leyó el material y trabajó en el libro con cuidado.

Este libro también le proporciona retroalimentación inmediata al darle las respuestas a las preguntas formuladas. Estas respuestas se encuentran al final de cada capítulo. La retroalimentación inmediata es una parte importante del proceso de aprendizaje y le permitirá determinar el progreso realizado.

No vea las respuestas correctas hasta después de haber contestado por su cuenta. Si lo hace, sólo obstaculizará su aprendizaje. Si comete un error, asegúrese de saber *por qué* antes de seguir adelante.

Estrategia de estudio

Nos parece apropiado iniciar el análisis de la estrategia de estudio mencionando brevemente una experiencia común entre los estudiantes de matemáticas: la ansiedad. Mucha gente se asusta, al extremo de sufrir estrés, cuando piensa en las dificultades que enfrentará al trabajar con problemas de matemáticas. El libro no proporciona un análisis psicológico de este fenómeno; sin embargo, los autores han establecido algunas estrategias de estudio que le serán de gran utilidad:

1. Tómese su tiempo para leer con cuidado y comprender lo que se le pide. Considere la información proporcionada en el problema y decida de qué manera se relaciona cada parte con la solución. La lectura cuidadosa y meditada le ayudará a comprender el problema.
2. Aprenda a descartar los factores que no lleven a la solución. Usted suele hacer esto de modo automático en varios aspectos de la vida diaria. Comience a aplicar esta habilidad en las matemáticas al evaluar cada parte de la información.
3. Haga un esfuerzo especial por ser claro. Las cifras que se anotan en forma descuidada son una invitación al error.
4. Desarrolle un planteamiento sistemático para resolver los problemas. Considere cada aspecto del problema en

el lugar correcto y no salte a las conclusiones. Es mejor anotar cada paso de la solución, no importa cuán trivial parezca, que confiar en los cálculos "mentales".

5. Aprenda a plantear el problema en sus propias palabras. Al hacerlo, eliminará muchos obstáculos que le impiden encontrar la solución. De hecho, una vez que plantee el problema correctamente, sólo necesitará ejecutar la mecánica aritmética de manera precisa para llegar a la solución.

6. Fórmese el hábito de revisar dos y hasta tres veces su trabajo. Es muy fácil cometer una equivocación por descuido. Un error de cálculo no descubierto puede afectar la solución.

7. Aprenda a cuestionar lo "razonable" de la solución. Si la respuesta que usted encontró parece improbable, tal vez lo sea. A menudo el sentido común puede revelarle un error debido al descuido.

8. Familiarícese con la calculadora. La precisión en su manejo le ayudará a asegurar buenos resultados. Pero nunca confíe en que la máquina haga todo. Aprenda a hacer sus propias estimaciones y a compararlas con los resultados de la calculadora. Si la respuesta de ésta no parece correcta, bórrela y vuelva a revisar el problema. Y esta vez asegúrese de manejar los datos y las operaciones correctamente. La calculadora no lo reemplaza a usted, pero sí es una maravillosa herramienta que reforzará su profesionalismo.

Ejercicios y exámenes

Cada capítulo concluye con una sección llamada Problemas para Práctica Adicional, que consiste en una serie de preguntas de opción múltiple, las cuales están tomadas de los exámenes para obtener licencia en los Estados Unidos. Las respuestas a los problemas se encuentran al final de cada capítulo.

Al final del libro, encontrará el Examen de Repaso I, que cubre los capítulos 2 al 8, y el Examen de Repaso II, que cubre los capítulos 9 al 14.

Las respuestas a todas las preguntas de examen están en la Clave de Respuestas, al final de cada prueba. Estas soluciones a las preguntas muestran las operaciones matemáticas paso a paso.

Capítulo 1

REPASO DE HABILIDADES MATEMÁTICAS BÁSICAS

Muchas de las personas que usen este libro y cuaderno de trabajo tal vez se encuentren en una clase de matemáticas luego de varios años dedicados a otras actividades. A ellos se dirige este texto principalmente. Los ejercicios incluidos aquí les darán la confianza y el conocimiento suficientes no sólo para aprobar un examen, sino también para volverse eficaces en el campo de la compraventa.

Al finalizar este capítulo, usted

- renovará sus conocimientos de las unidades de medida y las fórmulas matemáticas básicas;
- aprenderá a usar unidades de medida al plantear y resolver problemas; y
- comprenderá la secuencia para capturar números en la calculadora.

Ejercicios de calentamiento

Debido a que los lectores tendrán diferentes niveles de conocimiento y experiencia, los siguientes problemas les

1

permitirán determinar su familiaridad con el material a cubrir. Resuelva todos los problemas antes de cotejar sus respuestas con la clave de respuestas al final del capítulo. Si no comete errores y calcula las respuestas con facilidad, tal vez no necesite dedicar mucho tiempo a este capítulo.

1. $(1 \times 2) + (3 \times 4) + (5 \times 6) - (4 \times 10) = ?$

   a) 40   b) 4   c) 30   d) 2

2. (3 pulgadas + 6 pies) x (9 pulgadas + 27 pies) = ?
(7.62 cm + 1.82 m) x (22.86 cm + 8.21 m) = ?

   a) 173. 438   b) 27.75   c) 6.25   d) 73,438
   a) 16.04 m²   b) 22.57 m²   c) 8.11 m²   d) 54.62 m²

3. 16 acres + 87,120 pies cuadrados = ?
6.47 hectáreas + 8,093.71 m² = ?

   a) 87,136   b) 87,120   c) 78,408   d) 784,080
   a) 62,140 m² b) 54,352 m² c) 621,400 m² d) 72,793 m²

4. ¿Cuántas yardas o metros cúbicos de espacio contiene un almacén de 67.5 pies o metros por 20 pies o metros, con una altura de 10 pies o metros?

   a) 13,500   b) 500   c) 1,500   d) 15,000

Tal vez le resulte útil hacer un repaso de las operaciones elementales de matemáticas. Una de las razones por las que mucha gente tiene dificultades con los números es que no practican el orden y la legibilidad al solucionar problemas. Por ejemplo, es más fácil cometer un error al sumar estos números:

$$
\begin{array}{r}
\$12,345.67 \\
89.10 \\
5,432.08 \\
\underline{76543} \\
\end{array}
$$

que al sumar los mismos números con orden y legibilidad:

$$\$12{,}345.67$$
$$89.10$$
$$5{,}432.08$$
$$\underline{76{,}543.00}$$

Es importante mantener el punto decimal alineado verticalmente y escribir cada dígito justo debajo del que corresponde al número anterior.

El orden de las operaciones

Los problemas que requieren de múltiples operaciones implican varios cálculos. Recuerde que los *paréntesis* se usan para identificar los cálculos que deben realizarse primero. También es usual que usted *multiplique* o *divida* antes de *sumar* o *restar*.

Ejemplo: $(5 \times 6) + (3 \times 4) - (6 \times 6) = ?$
$5 \times 6 = 30 \quad 3 \times 4 = 12 \quad 6 \times 6 = 36$
$30 + 12 - 36 = 6$

El uso de las unidades de medida

Así como no es posible comparar manzanas con naranjas, los números tienen que ser de la misma categoría y de la misma forma antes de poder realizar funciones matemáticas. Para sumar estos números desemejantes:

$$\frac{1}{2} + \frac{1}{3} \quad \text{ó} \quad 4 \text{ pulgadas} + 5 \text{ pies}$$

$$\text{ó } 6 \text{ km}^2 + 7{,}890 \text{ m}^2,$$

primero debe convertirlos a un denominador común:

$$\frac{1}{2} = \frac{3}{6} \quad y \quad \frac{1}{3} = \frac{2}{6}$$

$$\frac{3}{6} + \frac{2}{6} = \frac{5}{6}$$

Ejemplo: Supongamos que usted mide su casa para alfombrarla y descubre que necesita 1,125 pies cuadrados. Sin embargo, en la tienda venden las alfombras por *yarda* cuadrada. ¿Cuánto gastará si elige una alfombra que cuesta $18 por yarda cuadrada? En primer lugar, debe cambiar las unidades de medida para que sean iguales. Para hacerlo más sencillo, convierta los 1,125 pies cuadrados a yardas cuadradas. Hay nueve pies cuadrados en cada yarda cuadrada, así que:

$$\frac{1,125 \text{ pies cuadrados}}{9 \text{ pies cuadrados/yardas cuadradas}} = 125 \text{ yardas cuadradas}$$

Ahora que las unidades concuerdan, ya puede calcular el precio:

$$125 \text{ yardas cuadradas x } \$18/\text{yarda}$$
$$\text{cuadrada} = \$2,250$$

Las *pulgadas* se convierten en *pies* al dividir las pulgadas entre 12.

Ejemplo: 9 pulgadas $= \frac{9}{12} = .75$ pies

Las *yardas* se convierten en *pies* al multiplicarlas por 3.

Ejemplo: 39 yardas x 3 = 117 pies

Las *fracciones* se convierten en *decimales* al dividir el número de arriba (numerador) entre el número de abajo (denominador)

Ejemplo: $\frac{3}{4} = .75$

Los *porcentajes* se
convierten en *decimales*
al mover el punto   **Ejemplo:** 22.5% = .225
decimal dos lugares a la   80% = .80
izquierda y añadir tantos   3.4% = .034
ceros como sea necesario.

Los *pies cuadrados* se
convierten en *yardas* $\dfrac{1{,}125 \text{ pies cuads.}}{9}$
cuadradas al dividir   **Ejemplo:** ─────────── = 125 yardas
los pies cuadrados   cuadradas
entre nueve.

Los *pies cúbicos* se
convierten en *yardas*   **Ejemplo:** $\dfrac{486}{27}$ = 18 yardas cúbicas
cúbicas al dividir los
pies cúbicos entre 27.

La resolución de ecuaciones

Cuando realice ecuaciones simples, recuerde que el signo "=" (igual) significa *exactamente* eso. Usted no podrá
escribir:

$$1 + 2 = 3 + 4$$

porque 3 *no* es igual a 7. Ésa *no* es una equivalencia o ecuación. Es una inequivalencia porque está fuera de *balance*.
Para resolver ecuaciones, los números situados a la izquierda del signo "=" deben ser realmente iguales a los del lado
derecho. Si piensa que una ecuación es como un sube y baja
infantil, o una balanza, verá que ambos lados deben tener
el mismo peso en el mismo punto o el sistema se inclinará
y no estará balanceado. Por tanto, si considera el ejemplo
precedente como una ecuación (donde ambos lados son
iguales), deberá añadir algo al lado izquierdo o restar algo
en el lado derecho:

$$1 + 2 = 3 + 4 \qquad \text{No}$$
$$3 = 7 \qquad \text{No}$$
$$\text{pero}$$
$$3 + 4 = 7 \qquad \text{Sí}$$
$$\text{ó}$$
$$3 = 7 - 3 - 1 \quad \text{Sí}$$

Si dos números están relacionados mediante la suma (+), puede romper esa relación con la resta (–); si están relacionados mediante la multiplicación (x), puede romper esa relación con la división (÷). Para ilustrar:

$$5 + 6 = 7 + x$$
$$11 = 7 + x$$

El 7 está unido a x (el número desconocido) por la suma; por lo tanto, para resolver la ecuación, debe utilizar la resta. Al resolver este problema, separe lo conocido de lo desconocido. Usted conoce todo menos x. Recuerde el ejemplo del sube y baja; si sustrae 7 del lado derecho del signo igual, la ecuación estará fuera de balance a menos que también reste 7 del lado izquierdo:

$$
\begin{array}{rl}
11 = & 7 + x \\
\underline{-7} & \underline{-7} \leftarrow \text{ restados de ambos lados} \\
4 = & 0 + x \\
4 = & x
\end{array}
$$

A veces, las cosas más simples son las que olvidamos con los años. Por ejemplo:

$$(7 - 7) \times 8 = ?$$

Aquí, primero debe realizar la operación indicada dentro del paréntesis. En este caso, el resultado es cero. Para terminar el cálculo, cero por cualquier otro número es cero.

    Recuerde también que un número dividido entre sí mismo siempre equivale a uno. De modo que:

$$\frac{1}{1} = 1 \quad \text{ó} \quad \frac{486}{486} = 1$$

También puede manejar las unidades de medida o las letras algebraicas del mismo modo. Por ejemplo:

$$\frac{\text{pies}}{\text{pies}} = 1 \qquad \frac{\text{acres}}{\text{acres}} = 1 \qquad \frac{x}{x} = 1 \qquad \frac{LW}{LW} = 1$$

Si después de obtener como respuesta 1 de cualquiera de estas operaciones, multiplica ese 1 por cualquier otro número, unidad de medida o símbolo algebraico, la respuesta es ese mismo número, unidad de medida o símbolo algebraico:

$$1 \times 23 = 23$$
$$1 \times \text{metro} = \text{metro}$$
$$1 \times y = y$$
$$1 \times \text{cualquier cosa} = \text{cualquier cosa}$$

También es importante recordar que no puede dividir un número entre cero. Pero si divide un número entre 1, no cambia el valor del número original.

Por favor, no se sienta angustiado o nervioso por haber repasado estas reglas tan rápidamente. Recuerde que ésta es una revisión básica de conceptos que ya conoce. El objetivo de este capítulo es refrescar su memoria y también introducir de manera breve algo del material de los siguientes capítulos.

Por último, en este texto encontrará dos tipos básicos de ejercicios. Éstos incluyen problemas numéricos —que se encuentran en el formato correcto, como $123 + 456 = ?$— y problemas verbales. Para ser eficiente al resolver problemas verbales, que son similares a situaciones de la vida real, comience por analizar cada problema. Aprenda a reconocer ciertos "indicadores de función", o palabras clave que indiquen si debe sumar, restar, multiplicar o dividir.

Indicadores de suma:	más, más que, suma, aumento, y
Indicadores de resta:	menos, menos que, disminución, diferencia, quitar
Indicadores de multiplicación:	de, por, factor, producto
Indicadores de división:	cociente, fracción, recíproco

UNIDADES DE MEDIDA

Medida lineal	12 pulgadas = 1 pie 36 pulgadas = 3 pies = 1 yarda 5,280 pies = 1, 760 yardas = 1 milla
Medida cuadrada	144 pulgadas cuadradas = 1 pie cuadrado Para convertir pies cuadrados en yardas cuadradas, divida los pies cuadrados entre 9. Para convertir yardas cuadradas en pies cuadrados, multiplique las yardas cuadradas por 9.
Medida cúbica	1,728 pulgadas cúbicas = 1 pie cúbico 46,656 pulgadas cúbicas = 27 pies cúbicos = 1 yarda cúbica Para convertir pies cúbicos en yardas cúbicas, divida los pies cúbicos entre 27. Para convertir yardas cúbicas en pies cúbicos, multiplique las yardas cúbicas por 27.
Medida circular	360 grados = un círculo 60 minutos = 1 grado 60 segundos = 1 minuto
Medida de agrimensura	43,560 pies cuadrados = 1 acre 640 acres = 1 milla cuadrada = 1 sección 36 secciones = un sexmo 1 sexmo = 36 millas cuadradas

FÓRMULAS BÁSICAS

Para calcular *área*	Largo (en pies) x Ancho (en pies) = Pies cuadrados Para convertir pies cuadrados en yardas cuadradas, divida los pies cuadrados entre 9.

| Para calcular *volumen* | Largo (en pies) x Ancho (en pies) x Altura (en pies) = Pies cúbicos
Para convertir pies cúbicos en yardas cúbicas, divida los pies cúbicos entre 27. |
| Para calcular *parte, total o proporción** (porcentaje) | Total x Proporción (porcentaje) = Parte
Parte ÷ Proporción (porcentaje) = Total
Parte ÷ Total = Proporción (porcentaje) |

* La proporción puede expresarse como un porcentaje o un equivalente decimal. Estudiaremos esto con más detalle en el capítulo 2.

Problemas para práctica adicional

Cuando haya resuelto estos problemas, verifique sus respuestas con las respuestas siguientes.

1. 12 pies + 18 pulgadas + 15 yardas = ? pies
3.66 m + 45.72 cm + 13.72 m = ? metros

   a) 45   b) 58.5   c) 231   d) 270
   a) 10.4 m   **b) 17.84 m**   **c) 117.84 m**   **d) 334.68 m**

2. $(8 \times 9) - (6 \times 7) + (4 \div 2) \times (3 - 1) = ?$

   a) 64   b) 118   c) 56   d) 48

3. ¿Cuántos pies cúbicos hay en un cartón que mide 6 pies 8 pulgadas por 3 yardas por 4 $\frac{1}{2}$ pulgadas?

   a) 91.8   b) 90.005   c) 9.005   d) 22.5

4. ¿Cuántos pies o metros cuadrados de alfombra se necesitarán para cubrir una sala de 18 por 20 pies o metros y un comedor de 15 por 12 pies o metros?

   a) 540   b) 60   c) 20   d) 180

5. ¿Cuánto es $\frac{2}{3}$ más $\frac{1}{2}$ más $\frac{5}{8}$ más $\frac{3}{4}$?

　　a) .647　　　b) 2.542　　　c) $2\frac{1}{2}$　　　d) $\frac{11}{17}$

6. ¿Cuántos pies o metros cuadrados hay en un solar que mide 75 pies o metros de frente y 150 de fondo?

　　a) 11,250　　b) 450　　　　c) .259 acres　d) 1,250

7. Saúl Sánchez es propietario de un terreno de 2 acres en una zona comercial. Si lo vende a $8.25 por pie cuadrado, ¿cuánto costará el terreno?

　　a) $79,860　　b) $6,468,660　c) $26,626.11　d) $718,740

Clave de respuestas

Soluciones: Ejercicios de calentamiento

1. (b): $1 \times 2 = 2$　$3 \times 4 = 12$　$5 \times 6 = 30$　$4 \times 10 = 40$
　　　　$2 + 12 + 30 - 40 = 4$

2. (a): $3 \div 12 = .25$　$.25 + 6 = 6.25$ pies/
　　　　$9 \div 12 = .75$　$.75 + 27 = 27.75$ pies/
　　　　6.25 pies x 27.75 pies = 173.438 pies cuadrados
　　　　$7.62 \div 100 = 0.08$ m + 1.82 m = 1.90 m
　　　　$22.86 \div 100 = 0.23$ m + 8.21 m = 8.44 m
　　　　1.90 m x 8.44 m = 16.04 m²

3. (d): 16 acres x 43,560 pies cuadrados =
　　　　16 acres = 696,960 pies cuadrados
　　　　696,960 pies cuadrados + 87,120 pies cuadrados =
　　　　784,080 pies cuadrados/
　　　　6.47 hectáreas = 64,700 m²
　　　　64,700 m² + 8,093.71 m² = 72,793 m²

4. (b): 67.5 pies o metros x 20 pies o metros x 10 pies o metros =
　　　　13,500 pies o metros cúbicos
　　　　13,500 pies cúbicos $\div$ 27 = 500 yardas cúbicas

Soluciones: Problemas para práctica adicional

1. (b): 18 pulgadas ÷ 12 = 1.5 pies
15 yardas x 3 = 45 pies
12 pies + 1.5 pies + 45 pies = 58.5 pies
45.72 ÷ 100 = 0.46
3.66 m + 0.46 m + 13.72 m = 17.84 m

2. (a): 8 x 9 = 72   6 x 7 = 42   4 ÷ 2 = 2   3 – 1 = 2
72 – 42 + 2 x 2 = 64

3. (d): 8 pulgadas ÷ 12 = .667 pies; .667 pies + 6 pies =
6.667 pies
3 yardas x 3 = 9 pies
4.5 pulgadas ÷ 12 = .375 pies
6.667 pies x 9 pies x .375 pies = 22.5 pies cúbicos

4. (b): 18 x 20 = 360 pies o metros cuadrados
15 x 12 = 180 pies o metros cuadrados
360 + 180 = 540 pies o metros cuadrados

5. (b): 2 ÷ 3 = .667   1 ÷ 2 = .50   5 ÷ 8 = .625   3 ÷ 4 = .75
.667 + .50 + .625 + .75 = 2.542

6. (a): 75 x 150 = 11,250 pies o metros cuadrados

7. (d): 2 acres x 43,560 pies cuadrados = 87,120 pies
cuadrados
87,120 pies cuadrados x $8.25 = $718,740

Capítulo 2

FRACCIONES, DECIMALES Y PORCENTAJES

En la mayoría de las operaciones matemáticas que realizará en bienes raíces será necesario manejar fracciones, decimales y porcentajes. Al finalizar el capítulo 2, podrá

- convertir con precisión porcentajes y fracciones en decimales;
- aplicar las fórmulas básicas para resolver problemas de parte, total y proporción (porcentaje); y
- usar el siguiente diagrama como una herramienta para resolver problemas de total, proporción y parte:

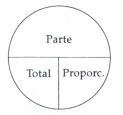

Ejercicios de calentamiento

Resuelva todos los problemas antes de cotejar sus respuestas con la clave de respuestas al final del capítulo.

1. El señor Jonás era uno de cinco propietarios a partes iguales de un edificio de departamentos. El edificio se vendió recientemente en $2,500,000, de los cuales el 2% se dedujo para el pago de honorarios. ¿Cuánto dinero recibió el señor Jonás?

   a) $2,450,000   b) $50,000   c) $490,000   d) $400,000

2. Si el señor Jonás pagó originalmente $400,000 por su parte del edificio, ¿qué porcentaje de ganancia tuvo cuando se vendió?

   a) 22.5%   b) 20%   c) 18.37%   d) 1.225%

3. Una propiedad fue obtenida en exclusiva en $85,500 y vendida en 90% del precio de lista. ¿En cuánto se vendió?

   a) $95,000   b) $85,500   c) $8,550   d) $76,950

4. Ricardo quiere calcular su parte de la comisión sobre una propiedad que obtuvo en exclusiva en $186,500 y que después se vendió en $175,000. ¿Cuál será el monto de su pago si al vendedor se le cobra un 7% de honorarios y si el corredor de Ricardo le paga a éste un 60% de la comisión que queda después de pagar al corredor del comprador el 40% del total de la comisión cobrada?

   a) $4,700   b) $2,940   c) $4,410   d) $7,833

CALCULADORA

Es importante decir algo sobre las calculadoras al principio de este capítulo. Algunas calculadoras tienen una tecla con el signo "%", con la que se facilita sacar porcentajes. Sin embargo, como hay varios modelos de calculadoras con distintas formas de operación, en este texto utilizaremos decimales en todos los problemas y soluciones.

Una *parte* del *total* puede expresarse como:

Fracción

Ejemplo: 25 es $\dfrac{1}{4}$ de 100

Decimal

Ejemplo: 25 es .25 de 100

Porcentaje

Ejemplo: 25 es 25% de 100

Para convertir una *fracción* en *decimal*, divida el número de arriba de la fracción (numerador) entre el número de abajo (denominador).

Ejemplo: $\dfrac{7}{8}$ $7 \div 8 = .875$

Para convertir un *porcentaje* en *decimal*, mueva el punto decimal dos lugares a la izquierda y quite el signo de porcentaje. Si es necesario, añada ceros.

Ejemplo: 75% = .75
3.5%= .035

La conversión de fracciones en decimales

Fracciones propias

Una fracción propia es aquella cuyo numerador es menor que su denominador. Es una parte del total, y su valor *siempre* es menor a 1.

Ejemplos: $\dfrac{1}{2}$ $\dfrac{1}{4}$ $\dfrac{1}{5}$ $\dfrac{5}{19}$ $\dfrac{7}{100}$

El *numerador* (el número de arriba) indica cuántas partes hay en la cantidad fraccional.

El *denominador* (el número de abajo) indica de cuántas partes se compone el entero.

> **FRACCIÓN**
>
> $\dfrac{1}{2}$ ← numerador
> ← denominador

La fracción $\frac{1}{2}$ indica una parte de un entero compuesto por dos partes iguales.

La fracción $\frac{3}{4}$ indica 3 partes de un entero compuesto por cuatro partes iguales.

La cifra 35% indica 35 partes de 100 que componen un entero. También puede expresarse como fracción: $\frac{35}{100}$ o como decimal: .35.

1. Convierta las siguientes fracciones en decimales.

   a) $\dfrac{1}{5}$ b) $\dfrac{1}{2}$ c) $\dfrac{5}{100}$ d) $\dfrac{97}{100}$

Las respuestas a los problemas se encuentran al final del capítulo.

Fracciones impropias

Una fracción impropia es aquella cuyo numerador es igual o mayor que el denominador. El valor de una fracción impropia es *mayor* a 1.

Ejemplos: $\dfrac{5}{4}$ $\dfrac{10}{9}$ $\dfrac{81}{71}$

Para transformar una fracción impropia en un número entero, divida el numerador entre el denominador. Cualquier parte que quede se expresará como decimal.

Ejemplo: Transforme $\dfrac{8}{5}$ en un número entero.

$$\dfrac{8}{5} = 1.6$$

2. Transforme las siguientes fracciones impropias en números enteros.

a) $\dfrac{5}{4}$ 　　　　 b) $\dfrac{9}{2}$ 　　　　 c) $\dfrac{16}{5}$ 　　　　 d) $\dfrac{26}{9}$

Números combinados

Un número combinado (un número entero y una fracción), como $1\,\sqrt[3]{_4}$, puede cambiarse al convertir la fracción en decimal (divida el número de arriba entre el de abajo) y volver a sumar el número entero.

Ejemplo: $1\dfrac{3}{4}$

$3 \div 4 = .75$

$.75 + 1 = 1.75$

3. Cambie los siguientes números combinados a números enteros más equivalentes decimales.

a) $2\dfrac{1}{4}$ 　　　 b) $3\dfrac{2}{3}$ 　　　 c) $8\dfrac{1}{4}$ 　　　 d) $1\dfrac{5}{6}$

4. Convierta las siguientes fracciones en decimales.

a) $\dfrac{8}{5}$ 　　　 b) $\dfrac{9}{10}$ 　　　 c) $6\dfrac{7}{8}$ 　　　 d) $\dfrac{34}{100}$

e) $\dfrac{52}{10}$ 　　　 f) $\dfrac{3}{12}$ 　　　 g) $\dfrac{81}{71}$ 　　　 h) $\dfrac{13}{100}$

Porcentajes

Porcentaje (%) significa por cien o partes por cien.

Por ejemplo, 50% significa 50 partes de un total de 100 partes (100 partes equivalen a un entero), y 100% significa 100 de un total de 100 partes, o una unidad entera. A lo largo de este libro, nos referimos a 100% como el total.

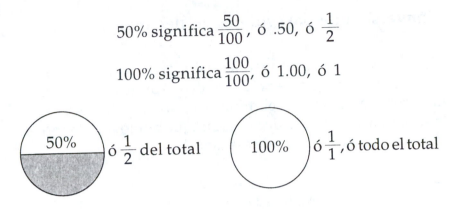

$$50\% \text{ significa } \frac{50}{100}, \text{ ó } .50, \text{ ó } \frac{1}{2}$$

$$100\% \text{ significa } \frac{100}{100}, \text{ ó } 1.00, \text{ ó } 1$$

50% ó $\frac{1}{2}$ del total   100% ó $\frac{1}{1}$, ó todo el total

Conversión de decimales en porcentajes

Para cambiar un decimal en porcentaje, mueva el punto decimal dos lugares a la *derecha* y agregue el signo "%". Por tanto, usted puede cambiar el número .50 a un porcentaje moviendo el punto decimal (.) dos lugares o dos dígitos a la derecha y añadiendo el símbolo de porcentaje (%). Al mover el punto decimal dos lugares a la derecha, lo que hace en realidad es *multiplicar* .50 por 100, para igualar a 50. Al agregar el símbolo de porcentaje, usted *divide* el 50 entre 100 de acuerdo con la definición de porcentaje, de tal modo que .50 equivale a 50%. Así, el valor real no ha cambiado en absoluto, es decir, usted está donde empezó.

Cualquier porcentaje menor a 100% significa una parte o fracción de 100% o la unidad entera. Por ejemplo, puesto que 99% significa 99 partes de 100, es menos que el total.

Ejemplos: .10 = 10%
                        1.00 = 100%
                        .98 = 98%
                        .987 = 98.7%

5. Convierta los siguientes decimales en porcentajes.

a) .37   b) .09   c) .080
d) .10000   e) .7095   f) .01010

Conversión de porcentajes en decimales

Este proceso es opuesto al que acaba de realizar. Para cambiar un porcentaje a decimal, mueva el punto decimal dos lugares a la *izquierda* y elimine el signo "%". Todos los números tienen un punto decimal, aunque por lo regular no se escribe cuando después de éste sólo hay ceros.

Ejemplos: 99 en realidad es 99.0
6 en realidad es 6.0
$1 es lo mismo que $1.00

Así pues, es fácil convertir porcentajes en decimales.

Ejemplos: 99% = 99.0% = .990 = .99
6% =   6.0% = .060 = .06
5% =   5.0% = .050 = .05
70% = 70.0% = .700 = .70

Nota: Añadir ceros a la *derecha* de un punto decimal después del último dígito no cambia el valor del número.

6. Cambie los siguientes porcentajes a decimales.

a) 1%   b) 65%   c) 75.5%   d) 2.1%

Suma de decimales

Los decimales se suman igual que los números enteros. Cuando sume a mano, *debe* alinear el punto decimal como se muestra en los ejemplos.

Ejemplos:

$$
\begin{array}{r}
300 \\
5 \\
+\ 590 \\
\hline
895
\end{array}
\qquad
\begin{array}{r}
.3 \\
.005 \\
+\ .59 \\
\hline
.895
\end{array}
\qquad
\begin{array}{r}
.891 \\
.05 \\
+\ .063 \\
\hline
1.004
\end{array}
$$

7. Sume los siguientes decimales.

$$
\text{a)}\quad
\begin{array}{r}
.05 \\
.2 \\
+\ .695 \\
\hline
\end{array}
\qquad\qquad
\text{b)}\quad
\begin{array}{r}
.983 \\
.006 \\
+\ .32 \\
\hline
\end{array}
$$

Resta de decimales

Los decimales se restan como los números enteros. Recuerde alinear los puntos decimales.

Ejemplos:

$$
\begin{array}{r}
861 \\
-\ 190 \\
\hline
671
\end{array}
\qquad
\begin{array}{r}
.861 \\
-\ .190 \\
\hline
.671
\end{array}
\qquad
\begin{array}{r}
.549 \\
-\ .32 \\
\hline
.229
\end{array}
$$

8. Practique la suma y la resta de los siguientes decimales.

a) .23 + .051 + .6   c) .558 − .007
b) .941 − .6   d) .741 + .005 + .72

Multiplicación de decimales

Los números decimales se multiplican como los números enteros. Cuando capture números decimales en su calculadora, asegúrese de colocar el punto decimal en el lugar correcto. Es evidente que un punto decimal mal colocado hará que la solución sea incorrecta.

9. Practique la multiplicación de los siguientes decimales.

a) .100 x 3   b) 4.006 x .51   c) .035 x .012

División de decimales

Es posible dividir un número entero entre un número decimal.

Ejemplo: $6 \div .50 = 12$

También es posible dividir un número decimal entre un número entero.

Ejemplo: $.50 \div 6 = .083$

Al dividir, escriba siempre en su calculadora el número que va a dividir, luego oprima la tecla "÷" antes de capturar el número entre el cual va a dividir (el divisor).

10. Practique la división de los siguientes decimales.

   a) $2 \div .08$ b) $.36 \div 3$ c) $.15 \div 5$

Problemas de porcentaje

Los problemas de porcentaje normalmente comprenden tres elementos: la proporción (porcentaje), el total y la parte.

Ejemplo: 5%   de   200   es   10
                    ↑   ↑   ↑
                proporción   total   parte

Un problema que comprende porcentajes es en realidad un problema de multiplicación. Para resolver el problema del siguiente ejemplo, primero convierta el porcentaje en decimal y luego multiplique.

Ejemplo: ¿Cuánto es el 25% de 300?
                $25\% = .25$
                $300 \times .25 = 75$

Ésta es una fórmula general para resolver problemas de porcentaje:

Total x Proporción (porcentaje) = Parte
(o, Proporción x Total = Parte; el orden de la multiplicación no es importante)

Para resolver un problema de porcentaje, usted debe conocer el valor de dos de los elementos de esta fórmula. El valor que debe encontrar se llama *desconocido* (que a menudo aparece en la fórmula como una *x*).

Ejemplo: El señor González compró un estéreo de segunda mano a 45% de su costo original, que era de $150. ¿Cuánto pagó el señor González por el aparato?

Proporción x Total = Parte
45% x $150 = Parte
.45 x $150 = $67.50

11. Si la señora García gastó un 60% de los $3,000 que tenía ahorrados, ¿cuánto dinero gastó? ¿Qué fórmula utilizaría usted para resolver el problema?

Fórmulas

Cuando trabaje con problemas que comprendan porcentajes o equivalentes decimales, use alguna de las fórmulas que estudiamos a continuación.

Si conoce el total (que siempre es igual a 100%) y la proporción (porcentaje), y lo que busca es la parte, use la siguiente fórmula:

Total x Proporción (porcentaje) = Parte

Si conoce la parte y el total, pero quiere sacar la proporción, use la siguiente fórmula:

$$\text{Parte} \div \text{Total} = \text{Proporción}$$

Si conoce la parte y la proporción, pero quiere conocer el total, utilice la siguiente fórmula:

$$\text{Parte} \div \text{Proporción} = \text{Total}$$

Muchos estudiantes de matemáticas han descubierto que usar un círculo les ayuda a encontrar las respuestas. La parte siempre va en la sección superior del círculo; el total en la sección inferior izquierda, y la proporción (que puede expresarse como porcentaje o como un equivalente decimal) va en la parte inferior derecha. Anote los dos números conocidos en los lugares correctos y encuentre el número desconocido por medio de una división o una multiplicación. Si los números conocidos son el de arriba y uno de los de abajo, divida el de arriba entre el de abajo para encontrar la solución. Si los números conocidos son los dos de abajo, realice una multiplicación.

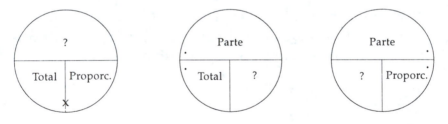

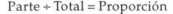

Parte ÷ Total = Proporción
Total x Proporción = Parte   Parte ÷ Proporción = Total

Ejemplo: Un acre tiene 43,560 pies cuadrados. ¿Cuántos pies cuadrados hay en 20% de un acre?

20% = .20
43,560 pies cuadrados (total) x .20 (proporción) = 8,712 pies cuadrados (parte)

Ejemplo: ¿Qué porcentaje de un acre representan 17,424 pies cuadrados?

17,424 pies cuadrados (parte) ÷ 43,560 pies cuadrados (total) = .40 (proporción)

Recuerde, si quiere expresar la proporción como porcentaje, debe mover el punto decimal dos lugares a la derecha y añadir el signo "%". Por tanto, en el ejemplo anterior, .40 equivale a 40%.

No olvide nunca la siguiente información:

- Usted puede calcular cualquiera de tres elementos si conoce dos de ellos.
- La línea horizontal separa el círculo en áreas de división.
- La línea vertical separa el círculo en áreas de multiplicación.

Sabiendo lo anterior, puede tapar la parte del círculo en que va el número desconocido (o el que esté buscando), y a continuación ejecutar la operación indicada, ya sea multiplicación o división.

De acuerdo con esto, en el ejemplo anterior, donde usted calculó el 20% de 43,560, la parte era el número desconocido. Si tapa la sección del círculo donde aparece la palabra "Parte", queda el "Total" y la "Proporción", separados por una función de multiplicación.

Pero en el ejemplo donde descubrió que 17,424 pies cuadrados son un 40% de un acre, lo que buscaba era la proporción. Al tapar esta sección del círculo, dejó separados la "Parte" y el "Total" por una función de división.

Este método de "atajo" puede emplearse para resolver gran variedad de problemas, incluyendo los siguientes.

Ejemplo: Si 30% de las 1,500 casas de su colonia tienen 4 recámaras, ¿cuántas casas tienen 4 recámaras?

Conocemos:

la Proporción = 30%, ó .30
el Total = 1,500

Tape la "Parte"

Total x Proporción = ?
1,500 x .30 = 450

12. ¿Cuál de los siguientes valores falta en este problema:
¿6 es el 12% de qué número?

a) Total b) Parte c) Proporción d) Ninguno de éstos

Ejemplo: ¿30 es el 50% de qué número?

La secuencia sugerida para resolver el problema es la siguiente:

Paso 1. Lea el problema con atención.

Paso 2. Analice el problema, determine los
factores importantes y expréselos en
una pregunta simplificada.

Paso 3. Plantee la fórmula. $\dfrac{\text{Parte}}{\text{Proporción}} = \text{Total}$

Paso 4. Sustituya los valores. $\dfrac{30}{.50} = \text{Total}$

Paso 5. Resuelva el problema. $\dfrac{30}{.50} = 60$

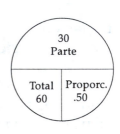

13. ¿1,500 es el 300% de qué número?

Paso 1. Lea el problema.
Paso 2. Analice el problema.
Paso 3. Plantee la fórmula.
Paso 4. Sustituya los valores.
Paso 5. Resuelva el problema.

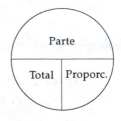

14. Trate de resolver el problema siguiente sin revisar el material anterior: ¿$125 es el 20% de qué cantidad?

Ejemplo: ¿Qué porcentaje de 56 es 14?

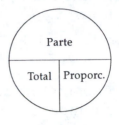

> Observe que el elemento Proporción es el que falta. Al cubrir "Proporción", que está a la derecha del círculo, usted ya sabe que debe dividir la parte entre el total:
>
> $$\frac{Parte}{Total} = Proporción$$
>
> Luego, sustituya los valores del problema por los elementos en la nueva fórmula:
>
> $$\frac{14}{56} = Proporción$$
>
> Ahora divida:
>
> $$\frac{14}{56} = .25$$
>
> Por último, convierta el decimal en porcentaje:
>
> $$25 = 25\%$$

15. ¿Qué porcentaje de 95 es 18?

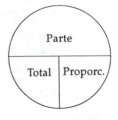

> **Nota:** Este diagrama le ayudará a recordar las fórmulas para parte, total y proporción.

Como *parte* está situada encima de *proporción*, forme una fracción con estos dos elementos cuando busque el *total*.

$$\frac{Parte}{Proporción} = Total$$

Como *parte* está situada arriba de *total*, forme una fracción con estos dos elementos cuando busque la *proporción*.

$$\frac{\text{Parte}}{\text{Total}} = \text{Proporción}$$

Como *proporción* está situada en la parte inferior del diagrama, multiplique estos dos elementos cuando busque la *parte*.

$$\text{Total} \times \text{Proporción} = \text{Parte}$$

Ahora, intente resolver algunos problemas relacionados con el campo de los bienes raíces aplicando lo que ha aprendido sobre proporciones (porcentajes), fracciones y decimales.

16. El precio de una casa se valuó en un 42% de su valor en el mercado, que es de $50,000. ¿Cuál es el monto del avalúo?

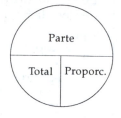

  a) ¿Cuál es el valor desconocido?
  b) Plantee la fórmula.
  c) Resuelva el problema.

17. Una propiedad tiene un avalúo de $15,000. Si este avalúo corresponde al 34% de su valor en el mercado, ¿cuál es su valor en el mercado?

  a) ¿Cuál es el valor desconocido?
  b) Plantee la fórmula.
  c) Resuelva el problema. Cuando obtenga la solución, redondee a cientos la cifra obtenida.

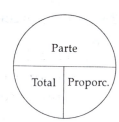

Porcentaje de cambio

Si se entera de que el valor de las casas en su colonia aumentó en un 8% durante el año pasado, y sabe que el precio promedio de las casas vendidas en los últimos doce meses fue de $60,000, ¿cuál será el precio promedio de las casas vendidas en la actualidad?

Es preciso resolver este problema en dos etapas. Primero, busque la parte. Ya conoce el total y la proporción, de modo que:

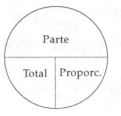

$$\$60,000 \times .08 = \$4,800$$

La suma del aumento, $4,800, al precio promedio del año pasado, $60,000, da un precio promedio para este año de $64,800 (o $60,000 x 1.08 = $64,800).

Considere un problema semejante desde un punto de vista distinto: si el precio promedio de las casas en la actualidad es de $70,000, comparado con los $60,000 de hace un año, ¿cuál es el porcentaje de cambio?

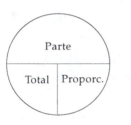

Primero, busque el *valor* de cambio: $70,000 - $60,000 = $10,000. Luego, utilice el círculo de ayuda para encontrar la *proporción* de cambio:

10,000 (parte) ÷ $60,000 (total) = .167, ó 16.7% (proporción)

O recuerde esta fórmula general:

$$\frac{\text{Valor nuevo} - \text{Valor antiguo}}{\text{Valor antiguo}} = \text{Proporción (porcentaje) de cambio}$$

18. Si hubo 800 preventas este año y 700 el año pasado, ¿cuál es el porcentaje de cambio?

Suponiendo que las preventas de este año llegaron a 700 y las del año pasado fueron 800, ¿cuál es el porcentaje de cambio?

$$\text{Valor nuevo} = 700$$
$$\text{Valor antiguo} = \underline{800}$$
$$\text{Diferencia} <100> \text{ (número negativo)}$$

$<100>$ (parte) ÷ 800 (total) = $<.125>$ (proporción), ó $<12.5\%>$

Esto significa que el cambio ocurrió en una dirección descendente o negativa.

En resumen, recuerde que las fracciones, decimales y porcentajes están interrelacionados.

¡Recuerde!

Para convertir una *fracción* en *decimal,* divida el número de arriba entre el de abajo.

Para convertir un *porcentaje* en *decimal,* mueva el punto decimal dos lugares a la izquierda y elimine el signo "%".

Para convertir un *decimal* en *porcentaje,* mueva el punto decimal dos lugares a la derecha y agregue el signo "%".

Para resolver problemas, siempre *convierta fracciones y porcentajes* en *decimales.*

Utilice el círculo de ayuda para encontrar un número desconocido.

Total x Proporción = Parte

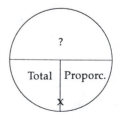

Parte ÷ Proporción = Total

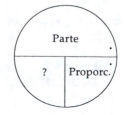

Parte ÷ Total = Proporción

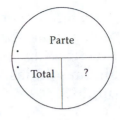

Utilizará estas fórmulas en muchas situaciones reales en bienes raíces. Los círculos siguientes muestran algunos de los casos más frecuentes.

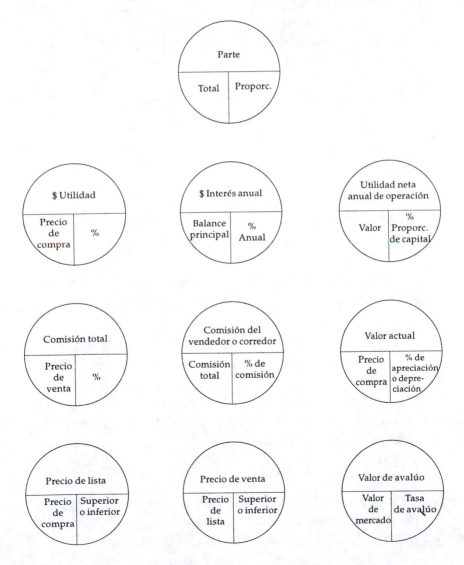

Aquí termina el capítulo 2. Si cree haber comprendido los temas cubiertos, resuelva los siguientes Problemas para Práctica Adicional. Al hacerlo, tal vez descubra que tiene algunas dudas. Despéjelas antes de continuar con el capítulo 3.

Problemas para práctica adicional

Cuando haya resuelto estos problemas, compare sus respuestas con las que se encuentran al final del capítulo. Si no puede resolver alguno de ellos, repase el capítulo antes de seguir adelante.

1. Convierta las cifras siguientes en decimales.

a) 3.875%   b) $\dfrac{20}{10}$ c) $\dfrac{1}{6}$

d) 5%   e) 348%

2. Una casa fue obtenida en exclusiva en $55,000 y se vendió en 90% del precio de lista. ¿En cuánto se vendió?

a) $61,111   b) $49,500   c) $59,950   d) $60,500

3. La señora Báez compró su casa en $80,000 y la vendió en $90,000. ¿Cuál fue el porcentaje de utilidad de su inversión?

a) 11.1%   b) 12.5%   c) 10%   d) 110%

4. La vendedora Rosa Accetta calcula su parte de la comisión por una venta con un valor de $46,500. La comisión total de la venta es de 7%, y la parte de la vendedora es de un 60%, lo que equivale a:

a) $1,974   b) $1,953   c) $1,935   d) $1,997

5. La empresa en la que usted trabaja vendió 128 casas el año pasado. Usted vendió 29 de ellas. ¿Qué porcentaje representan sus ventas en relación con el total?

a) 21.7%   b) 44.13%   c) 46.07%   d) 22.7%

6. Erik Soria recibió un cheque de $67,500. Su casa se ven-
   dió en $75,000. ¿Qué porcentaje sobre el precio de venta
   recibió Soria?

   a) 90%   b) 11.1%   c) 99%   d) 94%

7. El precio de una casa se valuó en 53% de su valor en el
   mercado. ¿Cuál es el monto de su avalúo si su valor comercial es de $125,000?

   a) $235,849   b) $191,250   c) $66,250   d) $53,000

8. ¿Cuál de las siguientes fórmulas es *incorrecta*?

   a) Parte x Proporción = Total
   b) Proporción x Total = Parte
   c) Parte ÷ Total = Proporción
   d) Parte ÷ Proporción = Total

9. Adriana Ruiz compró un terreno en $10,000 y varios
   años después lo vendió en $18,000. Su porcentaje de uti-
   lidad es:

   a) 180%   b) 80%   c) 44%   d) 100%

10. ¿Cuál es el equivalente decimal de $3\frac{3}{4}$?

    a) .375   b) 37.5   c) 3.75   d) .0375

Clave de respuestas

Soluciones: Ejercicios de calentamiento

1. (c): $\frac{1}{5}$ = .20

   $2,500,000 x .02 = $50,000
   $2,500,000 − $50,000 = $2,450,000
   $2,450,000 x .20 = $490,000

2. (a): $490,000 - $400,000 = $90,000$
90,000 ÷ $400,000 = .225, ó 22.5%

3. (d): $85,500 x .90 = $76,950$

4. (c): $175,000 x .07 = $12,250$
100% – 40% = 60%
$ 12,250 x .60 = $7,350$
$7,350 x .60 = $4,410$

Soluciones: Problemas del capítulo

1. a) $\dfrac{1}{5} = .20$ b) $\dfrac{1}{2} = .50$ c) $\dfrac{5}{100} = .05$ d) $\dfrac{97}{100} = .97$

2. a) $\dfrac{5}{4} = 1.25$ b) $\dfrac{9}{2} = 4.50$ c) $\dfrac{16}{5} = 3.20$ d) $\dfrac{26}{9} = 2.889$

3. a) $1 \div 4 = .25$
      $.25 + 2 = 2.25$
   b) $2 \div 3 = .667$
      $.667 + 3 = 3.667$

   c) $1 \div 4 = .25$
      $.25 + 8 = 8.25$
   d) $5 \div 6 = .833$
      $.833 + 1 = 1.833$

4. a) $8 \div 5 = 1.60$
   b) $9 \div 10 = .90$
   c) $7 \div 8 = .875$
      $.875 + 6 = 6.875$
   d) $34 \div 100 = .34$

   e) $52 \div 10 = 5.20$
   f) $3 \div 12 = .25$
   g) $81 \div 71 = 1.141$
   h) $13 \div 3 = 4.333$

5. a) $.37 = 37\%$ b) $.09 = 9\%$ c) $.080 = 8\%$
   d) $.10000 = 10\%$ e) $.7095 = 70.95\%$ f) $.01010 = 1.01\%$

6. a) $1\% = .01$ b) $65\% = .65$ c) $75.5\% = .755$ d) $2.1\% = .021$

7. a) $.05 + .2 + .695 = .945$ b) $.983 + .006 + .32 = 1.309$

8. a) $.23 + .051 + .6 = .881$ c) $.588 - .007 = .581$
   b) $.941 - .6 = .341$ d) $.741 + .005 + .72 = 1.466$

9. a) $.100 x 3 = .3$ b) $4.006 x .51 = 2.04306$ c) $.035 x .012 = .00042$

10. a) $2 \div .08 = 25$ b) $.36 \div 3 = .12$ c) $.15 \div 5 = .03$

11. Total x Proporción = Parte
    $3,000 x .60 = $1,800

12. (a): Total. La parte es 6 y la proporción es 12%. Por tanto, 6 dividido entre .12 es igual a 50.

13. Paso 3: Parte ÷ Proporción = Total
    Paso 4: 1,500 (parte) ÷ 3 (proporción) = Total
    Paso 5: 1,500 (parte) ÷ 3 (proporción) = 500 (total)

14. Parte ÷ Proporción = Total
    20% = .20
    $125 ÷ .20 = $625

15. Parte ÷ Total = Proporción
    18 ÷ 95 = .189473684 ó 18.9%

16. a) Parte
    b) Total x Proporción = Parte
    c) $50,000 x .42 = $21,000

17. a) Total
    b) Parte ÷ Proporción = Total
    c) 34% = .34
    $15,000 ÷ .34 = $44,117.65 ó $44,100 (cifra redondeada)

18. 800 - 700 = 100
    100 ÷ 700 = .143 ó 14.3%

Soluciones: Problemas para práctica adicional

1. a) 3.875% = .03875   b) $\dfrac{20}{10} = 2$

   c) $\dfrac{1}{6} = .167$ d) 5% = .05   e) 348% = 3.48

2. (b): .90 x $55,000 = $49,500

3. (b): $90,000 - $80,000 = $10,000
         $10,000 ÷ $80,000 = .125 ó 12.5%

4. (b): 46,500 x .07 = $3,255
         3,255 x .60 = $1,953

5. (d): $29 \div 128 = .227$ ó 22.7%

6. (a): $\$67,500 \div \$75,000 = .90$ ó 90%

7. (c): $\$125,000 \times .53 = \$66,250$

8. (a)

9. (b): $\$18,000 - \$10,000 = \$8,000$
$\$8,000 \div \$10,000 = .80$ ó 80%

10. (c): $3 \div 4 = .75$
$.75 + 3 = 3.75$

Capítulo 3

LAS COMISIONES

Este capítulo le ayudará a aplicar en el cálculo de las comisiones de bienes raíces todo lo que ha aprendido acerca de porcentajes y decimales. Al finalizarlo, podrá

- calcular con precisión la comisión total sobre un precio de venta determinado;
- calcular las comisiones del corredor y del vendedor; y
- calcular el precio de venta a partir de la comisión pagada y la proporción de la comisión.

Ejercicios de calentamiento

1. ¿Cuál es el 7% de comisión sobre una venta de $100,000?

a) $7,000   b) $6,000   c) $3,500   d) $3,000

2. ¿Cuál es la comisión total de la venta de una propiedad de $503,500 si los honorarios sobre los primeros $100,000 ascienden a 7%, de los siguientes $200,000 a 6%, y del resto a $4 \frac{1}{2}$ %?

a) $9,157.50   c) $27,157.50
b) $28,157.50   d) $22,657.50

3. El corredor que obtuvo la exclusiva negoció una comisión de $7 \frac{1}{2}$ %, con el señor y la señora Del Real. Si otro corredor vende la casa en $120,000, ¿cuál es la comisión del agente vendedor si el que obtuvo la exclusiva paga un 60% al corredor vendedor, quien a su vez paga un 70% a su agente vendedor?

a) $3,024   b) $3,528   c) $4,410   d) $3,780

4. Susana Suárez recibió una comisión de $3,000, que representa su parte de la venta de la casa Jiménez. La comisión total que cobró su empresa fue de 7% sobre el precio de venta. El corredor de Susana pagó al corredor vendedor 45% de los honorarios totales y a Susana un 60% de la parte retenida por el corredor de ésta. ¿En cuánto se vendió la casa?

a) $100,000.00   c) $85,714.29
b) $129,870.14   d) $158,730.16

Estrategia para resolver problemas

Este capítulo comienza con una consideración sobre cómo resolver problemas *verbales*. Ésta es la estrategia que usted debe aplicar:

Paso 1. Lea el problema con atención.

Paso 2. Analice el problema, concéntrese en los factores más importantes y tradúzcalos a una pregunta simplificada, dejando de lado los factores irrelevantes.

Paso 3. Escoja la fórmula adecuada para el problema.

Paso 4. Sustituya los números por los elementos conocidos de la fórmula.

Paso 5. Resuelva el problema.

Si aplica esta estrategia a lo largo de este capítulo y en otras partes del libro donde sea pertinente, no se le dificultarán los problemas verbales. Recuerde, los problemas de este tipo no son más que situaciones cotidianas plasmadas por escrito.

Ejemplo: En este ejemplo se aplica la estrategia paso por paso a un problema sobre la comisión de un corredor.

Paso 1. Lea con atención el problema siguiente:
Una casa se vendió en $62,300. El corredor vendedor ganó 7% de comisión sobre el precio de venta. ¿Qué cantidad recibió?

Paso 2. Analice el problema, concéntrese en los factores más importantes y tradúzcalos a una pregunta simplificada. ¿Cuál es el 7% de $62,300?

Paso 3. Entre las fórmulas siguientes, escoja la más adecuada para el problema:

Total x Proporción = Parte

o

Parte ÷ Proporción = Total

o

Parte ÷ Total = Proporción

La fórmula correcta para resolver este problema es:

Total x Proporción = Parte

o

Precio de venta x Proporción de comisión =
Comisión total

Paso 4. Sustituya los números por los elementos conocidos de la fórmula.

7% = .07
$62,300 (total) x .07 (proporción) = Parte

Paso 5. Resuelva el problema.

$62,300 (total) x .07 (proporción) = $4,361 (parte)

Nota: Los pasos y la solución serían los mismos si se incluyeran factores irrelevantes como la fecha de la venta, el monto de los costos de cierre y el tipo de financiamiento que se utilizó. Aprenda a eliminar estos factores sin importancia para que no lo confundan.

Ejemplo: Ahora aplique esta estrategia a otro problema relacionado con comisiones. Tenga cuidado, pues éste es ligeramente distinto al anterior. Cuando termine, consulte más adelante la respuesta correcta.

Paso 1. Lea atentamente el problema siguiente:
El corredor vendedor recibió una comisión total de $1,662 sobre una transacción de bienes raíces. ¿Cuál fue el precio de venta de la propiedad si la comisión representa un 6%?

Paso 2. Analice el problema, concéntrese en los factores más importantes y tradúzcalos a una pregunta simplificada.

Paso 3. Escoja la fórmula adecuada para el problema. (Si lo cree necesario, vuelva a leer las fórmulas anteriores.)

Paso 4. Sustituya los números por los elementos conocidos de la fórmula.

Paso 5. Resuelva el problema.

Ésta es la solución:

Paso 2. ¿$1,662 es un 6% de qué
cantidad?

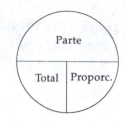

Parte

Paso 3. Parte ÷ Proporción = Total

Total | Proporc.

Paso 4. 6% = .06
$1,662 (parte) ÷ .06
(proporción) = Total

Paso 5. $1,662 (parte) ÷ .06 (proporción) = $27,700 (total)

1. Complete las fórmulas siguientes sin revisar las páginas
anteriores.

a) _____ x _____ = Parte
b) _____ ÷ _____ = Total
c) _____ ÷ _____ = Proporción

2. La señorita Martin recibió $9,080 por un terreno después
de que el corredor dedujo 5% de comisión y $40 de gas-
tos en anuncios. ¿En cuánto se vendió la propiedad?

a) Analice el problema y trate de plantearlo en términos
sencillos.
b) ¿Qué valor está usted buscando (cuál es el elemento
desconocido)?
c) ¿Qué fórmula empleará?

Revisemos el problema anterior. En primer lugar, sabe que
la propiedad se vendió en:

$9,080 + $40 + 5% de comisión (5% del total)

Por tanto, debe sumar:

$9,080
+ 40
———
$9,120

Así, $9,120 más 5% de comisión equivale al total.

¿Qué porcentaje del total es $9,120? El total, o precio de venta, debe ser igual al 100%, de modo que:

$$
\begin{array}{r}
100\% \\
-\ 5\% \\
\hline
95\%
\end{array}
$$

Por tanto, se puede decir que $9,120 es el 95% del total del precio de venta. O, en forma de pregunta:

¿$9,120 es el 95% de qué cantidad?

Y como usted debe encontrar la cantidad total, la fórmula correcta es:

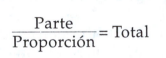

$$\frac{\text{Parte}}{\text{Proporción}} = \text{Total}$$

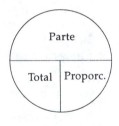

3. Ahora sustituya los números de los elementos conocidos de la fórmula y resuelva el problema.

4. Aplique la estrategia para resolver problemas en el problema siguiente: una casa se vendió en $75,000. La comisión total que recibió el corredor fue de $4,500. ¿Cuál fue el porcentaje de comisión?

a) Paso 1.   b) Paso 2.   c) Paso 3.
d) Paso 4.   e) Paso 5.

Comisiones compartidas

El corredor y el vendedor

Cuando la comisión se divide entre el corredor y su agente vendedor, primero se calcula la comisión total y luego se determinan las comisiones que corresponden a cada uno.

Recuerde, cada vez que hay comisiones compartidas entre el corredor y el vendedor, es necesario realizar varios cálculos.

Éste es el procedimiento:

a) Calcule la comisión total.

$$\text{Precio de venta (total)} \times \text{Proporción} =$$
$$\text{Comisión total (parte)}$$

b) Divida la comisión total entre los corredores, en caso de que haya más de uno.

c) Divida la comisión de la empresa entre la del corredor y la del vendedor.

$$\text{Comisión total} \times \text{porcentaje del vendedor (\%)} =$$
$$\text{comisión del vendedor}$$

5. El problema siguiente está relacionado con comisiones divididas. Aplique la estrategia para resolver problemas y tome en cuenta cada paso mientra realiza las operaciones. Si lo cree necesario, vaya anotando cada paso.
   Una propiedad se vendió en $5,800. El vendedor que realizó la transacción recibió 40% del 6% de comisión correspondiente al corredor. ¿Cuánto dinero recibió el vendedor?

6. Analice y vuelva a plantear este problema:
   El señor González vendió su casa en $55,000 y la comisión total fue de 6% de esa cantidad. El corredor recibió tres cuartas partes de la comisión y el vendedor una cuarta parte. ¿Cuál fue la comisión del vendedor?

7. Haga una lista de los cinco pasos que comprende la estrategia para resolver problemas y las tres ecuaciones que ha utilizado en la resolución de problemas de comisiones.

a) Paso 1.   b) Paso 2.   c) Paso 3.
d) Paso 4.   e) Paso 5.

Cuando hay más de un corredor

Con frecuencia, en las transacciones de bienes raíces participan dos o más corredores. Puede ocurrir que el corredor A se encargue de firmar un acuerdo de exclusiva de la propiedad y el corredor B sea quien la venda. La comisión que el corredor A cobra al vendedor es un punto a negociar entre estas dos partes, y, a su vez, la división de la comisión entre los dos corredores está sujeta a negociación entre ellos. Cada corredor decide la forma en que comparte su porcentaje de la comisión con sus respectivos vendedores.

8. Supongamos que una casa se vendió en $100,000 y en la transacción participaron dos corredores. El corredor que la obtuvo en exclusiva negoció un $6\frac{1}{2}$ % de comisión con el propietario, y luego acordó que el corredor encargado de venderla cobraría el 55% del total de su comisión. El agente vendedor del corredor que firmó la exclusiva recibió 25% de la comisión de éste y el agente del vendedor, 30% de la comisión de su respectivo corredor. ¿Cuánto dinero recibió cada uno?

    El análisis del problema deberá revelarle los cinco pasos para obtener la solución. Trabaje en forma ordenada.

El cobro de porcentajes de comisión en partes

En muchos mercados se acostumbra que el vendedor cobre un porcentaje distinto por cada parte del precio de venta. Cuando esto ocurra, simplemente calcule la comisión de cada parte y luego sume los resultados parciales.

Ejemplo: Un corredor cobra 6% de los primeros $100,000 del precio de venta, 4.5% de los siguientes $100,000 y 2% de todo lo que exceda de $200,000. Entonces, ¿cuál es la comisión que debe cobrarse de una propiedad vendida en $436,500?

$436,500 precio de venta
-$100,000 x   .06 = $6,000
-$100,000 x .045 = $4,500
 $236,500 x   .02 = $4,730
                    $15,230 comisión total

Problemas para práctica adicional

Después de resolver estos problemas, compare sus resultados con los que están al final del capítulo. Si no puede resolver alguno, repase el material antes de pasar al capítulo 4.

1. ¿Cuál fue el precio de venta de una casa si la vendedora recibió $1,000, que es la mitad de la comisión total de 5% cobrada por el corredor?

    a) $40,000   b) $20,000   c) $80,000   d) $10,000

2. El vendedor Miguel recibió $787.50, que es la mitad de la comisión total de 7% pagada a su corredor sobre una venta. El precio de venta fue:

    a) $45,000   b) $22,500   c) $22,000   d) $25,000

3. Dos corredores que trabajan juntos dividen en partes iguales la comisión del 6% sobre una venta. El corredor A paga a su vendedor $1,620, cantidad que representa el 60% de su parte de la comisión. El precio de venta de la propiedad es de:

    a) $27,000   b) $54,000   c) $63,000   d) $90,000

4. En la venta de una casa, la corredora Elba Domínguez gana 7% de los primeros $50,000 y 3% de cualquier cantidad que exceda los $50,000. ¿Cuál fue el precio de venta de una casa si su comisión total fue de $4,475?

a) $44,750   b) $89,500   c) $32,500   d) $82,500

5. Un corredor cobró una comisión de 6% sobre los primeros $100,000 del precio de una casa que se vendió en $150,000. Si la comisión total fue de $8,500, ¿cuál fue el porcentaje que le pagaron por el resto?

a) 5%   b) 5.7%   c) 1.7%   d) 2.5%

6. Juan Benítez ganó una comisión de 8% sobre los primeros $75,000 de ventas del mes y 3% del total de ventas que excediera esa cantidad. Si el señor Benítez vendió un total de $162,100 en el mes, ¿cuánto más ganará por una comisión directa de 6%?

a) $1,113   b) $810.50   c) $9,726   d) $2,613

7. El vendedor Horacio Ramírez vende una casa en $84,500. El corredor recibe 50% de la comisión de 6%. ¿Cuánto recibe el vendedor si obtiene 40% de la comisión pagada al corredor?

a) $2,028   b) $1,014   c) $2,535   d) $5,070

8. Alicia Linares consiguió una propiedad para su empresa, ABC Realty, que se vendió en $82,500. Beatriz Patrón, quien trabaja para First Realty, consiguió a los compradores. Los corredores acordaron dividir la comisión de 7% en partes iguales y Alicia recibirá 55% de la parte que corresponde a su corredor. ¿Cuál es esa cantidad?

a) $2,887.50   b) $5,775.00   c) $1,588.13   d) $1,229.38

9. ¿Qué porcentaje de comisión se cobró si Fabián recibió $4,800, cantidad que representa un 60% de la comisión total cobrada sobre un precio de venta de $100,000?

a) 6%   b) 5.75%   c) 7%   d) 8%

Clave de respuestas

Soluciones: Ejercicios de calentamiento

1. (a): $100,000 x .07 = $7,000

2. (b): $100,000 x .07 = $7,000
$200,000 x .06 = $12,000
$503,500 - $300,000 = $203,500
$203,500 x .045 = $9,157.50
$7,000 + $12,000 + $9,157.50 = $28,157.50

3. (d): $120,000 x .075 = $9,000
$9,000 x .60 = $5,400
$5,400 x .70 = $3,780

4. (b): $3,000 ÷ .60 = $5,000
$5,000 ÷ .55 = $9,090.91
$9,090.91 ÷ .07 = $129,870.14

Soluciones: Problemas del capítulo

1. a) Total x Proporción = Parte
b) Parte ÷ Proporción = Total
c) Parte ÷ Total = Proporción

2. a) ¿$9,080 más $40 es el 95% de qué cantidad?
b) Debe calcular el total.

c) $\dfrac{\text{Parte}}{\text{Proporción}} = \text{Total}$

3. 95% = .95
$9.120 ÷ .95 = $9,600

4. Paso 1. Lea el problema con atención.

Paso 2. Analice, elija los factores más importantes y vuelva a plantear el problema.
¿$4,500, qué porcentaje es de $75,000?

Paso 3. Escoja la fórmula correcta.

$\dfrac{\text{Parte}}{\text{Total}} = \text{Proporción}$

Paso 4. Sustituya.

$$\frac{\$4,500}{\$75,000} = \text{Proporción}$$

Paso 5. Resuelva.

$$\frac{\$4,500}{\$75,000} = .06, \text{ ó } 6\%$$

5. Análisis y replanteamiento: este problema tiene dos partes.

Parte 1. ¿Cuál es el 6% de $5,800?

Parte 2. ¿Cuál es el 40% de esa cifra?

Fórmula: Parte 1. Total x Proporción = Parte
       Parte 2. Total x Proporción = Parte

Sustitución y solución:

Parte 1. 6% x $5,800 = Parte
       6% = .06
       .06 x $5,800 = $348, comisión total

Parte 2. 40% x $348 = Parte
       40% = .40
       .40 x $348 = $139.20, parte de la comisión del vendedor

6. Análisis y replanteamiento: este problema tiene dos partes:

Parte 1. ¿Cuál es el 6% de $55,000?

Parte 2. Un cuarto = $\dfrac{1}{4}$ = .25 ó 25%

¿Cuál es el 25% de la cifra obtenida en la Parte 1?

Fórmula: Parte 1. Proporción x Total = Parte
       Parte 2. Proporción x Total = Parte

Sustitución y solución:

Parte 1. 6% x $55,000 = Parte
       6% = .06
       .06 x $55,000 = $3,300, comisión total

Parte 2. 25% x $3,300 = Parte
     25% = .25
     .25 x $3,300 = Parte = $825, comisión del vendedor

7. a) Lea el problema con atención.
  b) Analice el problema, considere los factores más importantes y tra-
     dúzcalos a una pregunta simplificada.
  c) Escoja la fórmula apropiada para el problema.
  d) Sustituya los números por los elementos conocidos de la fórmula.
  e) Resuelva el problema.

$$\text{Total x Proporción = Parte}$$
$$\text{Parte ÷ Propoción = Total}$$
$$\text{Parte ÷ Total = Proporción}$$

8. Paso 1. 6.5%=.065
     $100,000 x .065 = $6,500, comisión total

  Paso 2. 45% = .45
     $6,500 x .45 = $2,925 para el corredor que obtuvo la exclusiva

  Paso 3. 55% = .55
     $6,500 x .55 = $3,575 para el corredor vendedor

  Paso 4. 25% = .25
     $2,925 x .25 = $731.25 para el vendedor con la exclusiva

  Paso 5. 30% = .30
     $3,575 x .30 = $1,072.50 para el agente vendedor

Soluciones: Problemas para práctica adicional

1. (a): 50% = .50
     $1,000 ÷ .50 = $2,000
     5% = .05
     $2,000 ÷ .05 = $40,000

2. (b): 50% = .50
     $787.50 ÷ .50 = $1,575
     7% = .07
     $1,575 ÷ .07 = $22,500

3. (d): 60% = .60
     $1,620 ÷ .60 = $2,700
     50% = .50

$2,700 ÷ .50 = $5,400
6% = .06
$5,400 ÷ .06 = $90,000

4. (d): 7% = .07
$50,000 x .07 = $3,500
$4,475 - $3,500 = $975
3% = .03
$975 ÷ .03 = $32,500
$50,000 + $32,500 = $82,500

5. (a): 6% =.06
$100,000 x .06 = $6,000
$8,500 - $6,000 = $2,500
$150,000 - $100,000 = $50,000
$2,500 ÷ $50,000 = .05 ó 5%

6. (a): 8% = .08
$75,000 x .08 = $6,000
$162,100 - $75,000 = $87,100
3% = .03
$87,100 x .03 = $2,613
$6,000 + $2,613 = $8,613
6% = .06
$162,100 x .06 = $9,726
$9,726 - $8,613 = $1,113

7. (b): 6% = .06
$84,500 x .06 = $5,070
50% = .50
$5,070 x .50 = $2,535
40% = .40
$2,535 x .40 = $1,014

8. (c): 7% =.07
$82,500 x .07 = $5,775
50% = .50
$5,775 x .50 = $2,887.50
55% = .55
$2,887.50 x .55 = $1,588.13

9. (d): 60% = .60
$4,800 ÷ .60 = $8,000
$8,000 ÷ $100,000 = .08 ó 8%

Capítulo 4

PROBLEMAS DE PRECIO DE VENTA, PRECIO DE LISTA Y PRECIO NETO

En este capítulo seguirá aplicando las tres fórmulas básicas que comprenden el total, la parte y la proporción. Continuará calculando los precios de venta, precios de lista y precios netos de diferentes operaciones de bienes raíces. Al finalizar el capítulo, podrá

- ayudar a un vendedor a ponerle precio a su propiedad para recuperar su inversión y tener el margen de utilidad que desea, y
- ayudar al vendedor a establecer matemáticamente el precio de demanda, para que se obtenga el precio neto que desea después de pagar gastos y la comisión del corredor.

Ejercicios de calentamiento

1. Una casa se vendió en $54,000, cantidad que representa 90% del precio de lista. ¿En cuánto se ofreció la casa?

   a) $48,600   b) $60,000   c) $59,400   d) $50,670

2. En el problema anterior, si el corredor dedujo 6% de comisión y la casa se compró originalmente en $38,070, ¿cuál fue el porcentaje de ganancia del propietario?

a) 6.4%   b) 41.8%   c) 38.5%   d) 33.3%

3. ¿En cuánto debe usted vender una propiedad (por la que pagó $125,000) si quiere tener 15% de utilidad y pagar al corredor una comisión de 7% por venderla?

a) $154,569.89   c) $153,812.50
b) $152,375.00   d) $143,750.00

4. Si usted vendió una propiedad en $154,569.89, pagó 7% al corredor y tuvo una ganancia de 15%, ¿cuánto pagó por ella?

a) $120,000   b) $123,000   c) $125,000   d) $125,615

Ésta es la ecuación básica con la que ha estado trabajando:

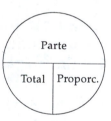

Total x Proporción = Parte

En el capítulo 3, total, parte y proporción *normalmente* significaban:

Total	Precio de venta total
Parte	Monto de la comisión
Proporción	Porcentaje de la comisión

Sin embargo, en este capítulo, que estudia los precios de lista, precios de venta brutos y netos, los tres componentes de esta fórmula básica significarán *generalmente:*

Total	Precio de venta bruto (lo que el comprador paga por la propiedad)
Parte	Cantidad neta (lo que el vendedor recibe por la propiedad; es decir, el precio bruto menos gastos, comisión, etcétera)
Proporción	100% menos deducciones (gastos, comisión, etcétera)

Neto del vendedor ÷ Precio de venta = Proporción
Neto del vendedor ÷ Proporción = Precio de venta
Precio de venta x Proporción = Neto del vendedor

Precio de lista ÷ Costo = Proporción
Precio de lista ÷ Proporción = Costo
Costo x Proporción = Precio de lista

Precio de lista ÷ Precio de venta = Proporción
Precio de lista ÷ Proporción = Precio de venta
Precio de venta x Proporción = Precio de lista

Precio de venta ÷ Costo = Proporción
Precio de venta ÷ Proporción =Costo
Costo x Proporción = Precio de venta

Si tiene alguna dificultad para entender los problemas de este capítulo, repase el capítulo 2.

1. ¿Cuáles son las fórmulas para encontrar el total y la proporción si:

Total x Proporción = Parte

a) _____ ÷ _____ = Total
b) _____ ÷ _____ = Proporción

Debe utilizar la misma estrategia para resolver problemas del capítulo 3, así como las mismas fórmulas básicas.

Paso 1. Lea el problema con atención.

Paso 2. Analice el problema, concéntrese en los factores más importantes y tradúzcalos a una pregunta simplificada, eliminando los factores sin importancia.

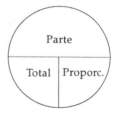

Paso 3. Escoja la fórmula adecuada para el problema.

Paso 4. Sustituya los números por los elementos conocidos de la fórmula.

Paso 5. Resuelva el problema.

Si utiliza esta estrategia a lo largo del capítulo, y en las partes del libro donde sea necesario, le resultará más fácil resolver los problemas verbales.

Ejemplo: Ahora aplique la estrategia para resolver problemas en un asunto típico en bienes raíces.

Paso 1. Lea el siguiente problema con atención:

Una casa se vendió en $61,625, que representa 85% del precio de lista original. ¿Cuál fue ese precio original?

Paso 2. Analice el problema, concéntrese en los factores más importantes y tradúzcalos a una pregunta simplificada.

¿$61,625 es el 85% de qué cantidad?

Paso 3. Escoja la fórmula adecuada para el problema.

$$\frac{Parte}{Proporción} = Total$$

Paso 4. Sustituya los números por los elementos conocidos de la fórmula.

$$\frac{\$61,625}{85\,\%} = Total$$

Paso 5. Resuelva el problema.

$$\frac{\$61,625}{.85} = \$72,500$$

2. Para comprobar la respuesta del ejemplo anterior, pregúntese si $61,625 es realmente el 85% de $72,500 (en otras palabras, ¿cuánto es el 85% de $72,500?)
   Complete la comprobación del problema.

3. Resuelva el problema siguiente. Hágalo paso a paso, como aprendió:
   La señora Cornejo pagó $75,500 por una casa. Ahora desea venderla y obtener el 20% de utilidad después de pagar la comisión del corredor, a quien debe pagarle el 5%. ¿Cuál debería ser el precio de venta de la casa?

4. Calcule la comisión del corredor por la venta de la propiedad descrita en el problema anterior, suponiendo que la señora Cornejo recibió la cantidad que deseaba.

5. El precio de una casa se fijó en $54,000. El propietario recibió $48,450 netos, luego de que el corredor dedujo $2,550 por la comisión del 5%. ¿Cuál fue el precio de venta de esta casa?

Precio neto

A menudo, el dueño de una propiedad indica al corredor o al vendedor cuánto desea ganar por su venta. Entonces, el corredor o el vendedor debe estimar el costo total del inmueble y determinar si el precio resultante está dentro del valor promedio del mercado. (**Nota:** Las listas de precios netos están prohibidas en muchos lugares, y en otros no gozan de aceptación.)

Ejemplo: Si un propietario quiere una ganancia de $80,000 por un inmueble sin hipoteca, ¿cuál será el precio de lista si la comisión es de 7% y los costos al cierre que debe pagar son de 4% sobre el precio de venta?

Primero debe sumar los gastos:

$$
\begin{array}{rl}
7\% & \text{de comisión} \\
+\,4\% & \text{costos al cierre} \\
\hline
11\% & \text{gastos totales de la venta}
\end{array}
$$

Si el propietario va a ganar $80,000, esa cantidad debe ser igual al precio de lista menos los gastos de la venta, o:

Precio de lista – Gastos de venta = Neto

El precio de lista es igual al 100% y los gastos de venta equivalen al 11%; por tanto, el precio neto de $80,000 debe ser igual a 89% (100% – 11%) del precio de lista. Para expresarlo matemáticamente:

$80,000 = 89% del precio de lista

Aplique esta fórmula:

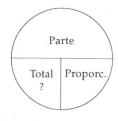

$$\frac{\text{Parte}}{\text{Proporción}} = \text{Total}$$

Sustituya los números:

$$\frac{\$80,000}{.89} = \text{Total}$$

Resuelva:

$$\frac{\$80,000}{.89} = \$89,887.64$$

Comprobación:

Paso 1. $\begin{array}{r} \$89,887.64 \\ \times\,.07 \\ \hline \$\,6,292.13 \end{array}$ precio de lista
proporción de la comisión
comisión

Paso 2. $\begin{array}{r} \$89,887.64 \\ \times\,.04 \\ \hline \$\,3,595.51 \end{array}$ precio de lista
otra proporción de los gastos de cierre
otros costos del cierre

Paso 3. $\begin{array}{r} \$\,6,292.13 \\ +\,3,595.51 \\ \hline \$\,9,887.64 \end{array}$ comisión
otros costos de cierre
total de gastos de venta

Paso 4. $\begin{array}{r} \$89,887.64 \\ -\,9,887.64 \\ \hline \$80,000.00 \end{array}$ precio de lista
total de gastos de venta
neto del propietario

El error más común que se comete en este tipo de problemas es que el vendedor multiplica la ganancia neta del propietario por la proporción del total de gastos de venta, luego suma esta cantidad a la ganancia neta del propietario y cree que la cifra resultante es el precio de lista. Veamos de qué modo este error podría afectar los cálculos:

Paso 1. $80,000   ganancia neta del propietario
                x .11   proporción del total de gastos de venta
              $8,800   total de gastos de venta

Paso 2. $80,000   ganancia neta del propietario
              + 8,800   total de gastos de venta
              $88,800   precio de lista

Ahora, la comprobación del error:

Paso 1. $88,800   precio de lista
                x .11   proporción del total de gastos de venta
              $9,768   total de gastos de venta

Paso 2. $88,800   precio de lista
              − 9,768   total de gastos de venta
              $79,032   ganancia neta del propietario

Observe que la ganancia indicada en la comprobación del error es de $79,032; $968 *menos* de lo que el propietario quiere. Se comprende que esté molesto. ¿A quién cree que el propietario le reclame este error?

Proporción (porcentaje) de ganancia

El ejemplo siguiente describe otro problema que los vendedores de bienes raíces enfrentan en la práctica.

Ejemplo: Si una persona compra una casa a 20% menos del precio de lista, y luego la vende a su precio original, ¿qué proporción de ganancia logró?

Primero, vamos a analizar dos diagramas y a visualizarlos como si fueran dos reglas, una de cinco pulgadas o metros de longitud y la otra de cuatro:

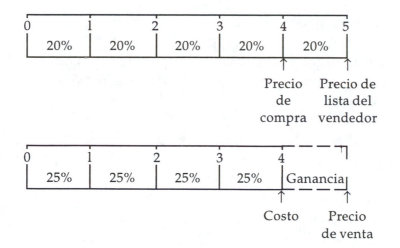

En la regla de cinco pulgadas o metros, cada tramo, o división, representa 20% de la longitud total de cinco pulgadas o metros hasta dar un total del 100% del precio de lista. Como el comprador pagó 20% menos del precio de lista del vendedor, el precio de compra puede representarse gráficamente como el extremo final de la regla de cuatro pulgadas o metros en relación con la de cinco:

100% - 20% = 80%, o límite de las cuatro pulgadas o metros.

El comprador ahora es dueño de la casa, así que el 80% que pagó representa el 100% de su precio o costo de "propiedad". Esto se representa gráficamente con la regla de cuatro pulgadas o metros. Su porcentaje de ganancia sobre la reventa se calcula sobre el costo o precio de compra. Cuando la casa se vuelva a vender en el precio de lista original, esto hará que la regla de cuatro pulgadas o metros se extienda hasta alcanzar la longitud de la de cinco pulgadas o metros. Por tanto, la gráfica mostrará el precio de lista original:

a) Cada pulgada o metro de la regla de cinco pulgadas o metros representa $\frac{1}{5}$ (20%) de la extensión total de la regla, sin embargo

b) Cada pulgada o metro tiene la misma extensión, sin importar qué regla utilice, pero

c) Cada pulgada o metro de la regla de cuatro pulgadas o metros representa un $\frac{1}{4}$ (25%) de la extensión total de esta regla.

Al estudiar los dos diagramas, se puede deducir la respuesta al problema: 25%. En los porcentajes, todo depende de dónde *comience*, y a ese punto de inicio se le llama el total. Por tanto, el porcentaje de utilidad *debe basarse en lo que la persona pagó por la casa*, no en el precio de lista.

Sin embargo, el porcentaje de *reducción sí debe basarse en el precio de lista.* Todo depende del punto de inicio, o sea el total. Si no comprende lo anterior con claridad, tal vez le convenga volver al capítulo 2 y leer una vez más la sección "Porcentaje de cambio".

Ahora, supongamos que el precio de lista fue de $100,000 y que el comprador pagó un 20% menos y revendió la casa al precio de lista. ¿Cuál fue el porcentaje de ganancia? Primero, calcule el costo, o precio, del comprador:

Paso 1. 100% del precio solicitado - 20% = 80% precio de compra

Paso 2.
80% = .80
$100,000 (total) x .80 = $80,000 precio de compra

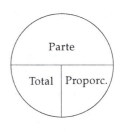

Si el nuevo dueño revende la propiedad al precio que se solicitó originalmente, ¿qué porcentaje de ganancia obtiene?

Paso 3. $100,000 precio solicitado
$\underline{- 80,000}$ precio de compra del actual propietario
$20,000 ganancia

Paso 4.

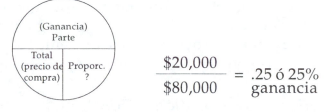

$$\frac{\$20{,}000}{\$80{,}000} = .25 \text{ ó } 25\% \quad \text{ganancia}$$

Recuerde que el total siempre es la cantidad que el propietario actual pagó por la casa, no la que se solicitó.

6. Alberto Medina compró una casa en $150,000 y la revendió en $200,000. ¿Qué proporción de ganancia obtuvo?

Proporción (porcentaje) de pérdida

La proporción de pérdida se calcula de la misma manera que la ganancia, salvo que los números se invierten. En cada caso, la proporción de ganancia o pérdida se hace en relación con la cantidad o número *original*.

La proporción de pérdida (depreciación) se analizará con detalle en el capítulo 6.

Problemas para práctica adicional

Cuando resuelva estos problemas, compare sus respuestas con las que se encuentran al final del capítulo. Si no puede resolver alguno de estos problemas, repase el capítulo antes de seguir adelante.

1. La casa de Joel se vendió en $62,250, que era el 75% del precio de lista. ¿Cuál fue el precio de lista?

a) $77,812.50   c) $83,000.00
b) $74,700.00   d) $81,250.00

2. La familia Velázquez desea vender su casa con 14% de ganancia neta. Los Velázquez la compraron en $37,000.

¿Cuál será el precio de venta que otorgue a los Velázquez 14% de ganancia después de que paguen al corredor 5% de comisión sobre el precio de venta?

a) $44,400   b) $47,360   c) $44,289   d) $40,936

3. Una casa se vendió en $75,200, que era el 94% del precio de lista de

a) $78,875   b) $78,125   c) $79,712   d) $80,000

4. Indique la cantidad neta recibida por el vendedor de una casa en la que el 6% de comisión del corredor fue $3,480, además de que se pagaron $175 por cuota de seguro y $95 por cesión de impuestos y gastos de registro.

a) $54,520   b) $55,250   c) $54,250   d) $57,730

5. Isela Valdés compró una casa en $48,000 con la intención de remodelarla y venderla a los dos años en $78,000. ¿Cuánto podrá gastar en remodelación si los impuestos son de $1,200 al año, el porcentaje de comisión es del 6% sobre el precio de venta pretendido y la ganancia que ella desea obtener es de $12,000?

a) $12,120   b) $13,320   c) $10,920   d) $12,720

6. Betty y Juan Salas compraron un terreno de 80 acres a $1,980 por acre. Los impuestos, el seguro y otros gastos ascendieron a $12,400 por año. Al término de cuatro años, vendieron la propiedad a un precio neto de $1 \frac{3}{4}$ veces su costo original. ¿Cuál fue la ganancia neta?

a) $118,800   b) $69,200   c) $227,600   d) $32,000

7. Si usted compró una casa a un 20% menos del precio de lista y la vendió al precio de lista, ¿qué porcentaje de ganancia obtuvo?

a) 25%   b) 20%   c) 80%   d) 125%

8. Una casa se vendió en $60,000. El propietario recibió $50,760 netos después de que el corredor dedujo $3,240

de comisión. ¿Qué porcentaje de comisión pagó el propietario?

a) 5.4%   b) 5%   c) 5.5%   d) 6%

9. Usted compró una casa en $50,000, 20% menos que el precio de lista, y la vendió en 10% más que el precio de lista original. El precio de lista fue de

a) $66,000   b) $60,000   c) $68,750   d) $62,500

10. Usted compró una casa en 15% menos que el precio de lista y un mes después la vendió al precio de lista. Su porcentaje de ganancia fue de

a) 85%   b) 82.4%   c) 15%   d) 17.6%

Clave de respuestas

Soluciones: Ejercicios de calentamiento

1. (b): $54,000 ÷ .90 = $60,000

2. (d): $54,000 x .94 = $50,760
$50,760 – $38,070 = $12,690
$12,690 ÷ $38,070 = .333 ó 33.3%

3. (a): Costo original = 1
Ganancia deseada = 15% ó .15
Neto deseado por el propietario = 1 +.15 ó 1.15
$125,000 x 1.15 = $143,750
$143,750 ÷ .93 = $154,569.89

4. (c): $154,569.89 x .93 = $143,749.9977 ó
$143,750 (redondeado)
$143,750 ÷ 1.15 = $125,000

Soluciones: Problemas del capítulo

1. a) Parte ÷ Proporción = Total
   b) Parte ÷ Total = Proporción

2. $72,500 x .85 = $61,625

3. $75,500 x .20 = $15,100
$75,500 + $15,100 = $90,600
100% − 5% = 95% ó .95
$90,600 ÷ .95 = $95,368.42

4. $95,368.42 x .05 = $4,768.42

5. $48,450 + $2,550 = $51,000
ó
$48,450 ÷ .95 = $51,000
ó
$2,550 ÷ .05 = $51,000

6. $200,000 - $150,000 = $50,000
$50,000 ÷ $150,000 = .333 ó 33.3%

Soluciones: Problemas para práctica adicional

1. (c): $62,250 ÷ .75 = $83,000

2. (a): $37,000 x 1.14 = $42,180
$42,180 ÷ .95 = $44,400

3. (d): $75,200 ÷ .94 = $80,000

4. (c): $3,480 ÷ .06 = $58,000
$58,000 − $3,480 − $175 − $95 = $54,250

5. (c): $1,200 x 2 = $2,400
$78,000 x .06 = $4,680
$78,000 − $2,400 - $4,680 − $12,000 −
$48,000 = $10,920

6. (b): 80 acres x $1,980 = $158,400
$12,400 x 4 = $49,600
$158,400 x 1.75 = $277,200
$277,200 − $158,400 − $49,600 = $69,200

7. (a): 100% x .80 = 80%
80% ÷ 100% = .25 ó 25%
ó
100 − 80 = 20
20 ÷ 80 = .25 ó 25%

8. (d): $50,760 + $3,240 = $54,000
$3,240 ÷ $54,000 = .06 ó 6%

9. (d): $50,000 ÷ .80 = $62,500

10. (d): 100 x .85 = 85
100 − 85 = 15
15 ÷ 85 = .17647 ó 17.6%

Capítulo 5

ÁREA Y VOLUMEN

A menudo, la tierra se vende por los pies o metros que tiene de frente, o por el área en pies o metros cuadrados. Los materiales de construcción se venden por pie cuadrado, yarda cuadrada, metro cuadrado, yarda cúbica o metro cúbico. En casi todas las regiones, los inmuebles remodelados se venden o alquilan por pie cuadrado o metro cuadrado. De manera que es imperativo que los vendedores de bienes raíces puedan medir y calcular con precisión las medidas lineales, cuadradas y cúbicas.

Al concluir este capítulo, usted podrá calcular con precisión

- los pies o metros que tiene un terreno de frente;
- pies cuadrados, yardas cuadradas, metros cuadrados; y
- pies cúbicos, yardas cúbicas, metros cúbicos.

En algunos ejercicios se han utilizado unidades de medida que pueden representar pulgadas, pies, yardas o metros. Lo importante es hacer la operación y comprender el proceso para lograr el resultado. En otros casos, el problema consiste en convertir pulgadas o yardas a pies, y en ellos no se ha realizado la conversión a metros, ya que en el sistema métrico no existe la dificultad o problema planteado.

Ejercicios de calentamiento

1. Calcule el área de cada una de las partes de la figura siguiente, en donde las cantidades son unidades de medida, ya sea pies o metros:

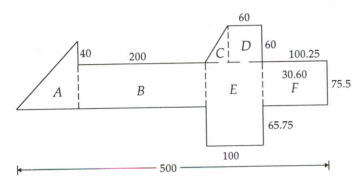

2. Cada división de la figura anterior representa un lote en venta. El señor Jorgenson piensa comprarlos todos. A $6 por unidad de medida, ¿cuánto costarían los seis?

   a) $276,926.64   c) $193,526.64
   b) $262,526.64   d) $284,126.64

3. El señor Álvarez es el corredor de la propiedad mencionada. Al señor Jiménez le gustaría comprar el lote E, que se vende en $6.50 por unidad de medida. El señor Álvarez recibe 7% de comisión. Si la venta se realiza, ¿cuál será la comisión del señor Álvarez?

   a) $91,112.50   c) $6,426.88
   b) $84,750.00   d) $5,466.75

4. El propietario del lote B quiere construir un edificio de oficinas y salas de exhibición de 40 unidades de medida

de alto, 30 de ancho y 40 de largo. Si el precio de licitación es de $97,200, ¿cuánto costará el edificio por unidad cúbica?

a) $1.80   b) $ 1.50   c) $7.20   d) $4.50

Antes de calcular los problemas de área o volumen, es importante hacer lo siguiente:

a) Convertir todas las dimensiones a una sola unidad. En el caso del sistema inglés, a pies y en el sistema métrico, a metros.

Ejemplo: 8 pies 6 pulgadas se convierten en 8.5 pies.
8 centímetros se convierten en .08 metros.

Para convertir *pulgadas* en *pies*, divida aquéllas entre 12.

$$\frac{6 \text{ pulgadas}}{12 \text{ pulgadas}} = .50 \text{ pies}$$

b) Familiarícese con la siguiente información:

MEDIDA LINEAL = UNA LÍNEA

12 pulgadas = 1 pie = .305 m
3 pies = 1 yarda = .915 m
1 eslabón = 7.92 pulgadas = .201 m
1 vara = 33.333 pulgadas = .846 m
1 vara = 16.5 pies = 5.5 yardas = 5.029 m
1 milla = 5,280 pies = 320 varas = 1,609 m
1 cadena = 66 pies = 4 varas = 100 eslabones = 20.11 m

MEDIDA CUADRADA = ÁREA

Largo (L) x Ancho (W) = Área (A) (en unidades de medida cuadradas)

12" x 12" = 144 pulgadas cuadradas = 1 pie cuadrado
3' x 3' = 9 pies cuadrados = 1 yarda cuadrada
1 metro x 1 metro = 1 metro cuadrado

Para convertir *yardas cuadradas* en *pies cuadrados*, multiplique las yardas cuadradas por 9. Para convertir *pies cuadrados* en *yardas cuadradas*, divida los pies cuadrados entre 9.

1 acre = 43,560 pies cuadrados = 4,046.9 m^2

Para convertir *acres* en *pies cuadrados*, multiplique los acres por 43,560. Para convertir *pies cuadrados* en *acres*, divida los pies cuadrados entre 43,560.

1 sección = 640 acres = 2'590,016 m^2 = 259 hectáreas

Para convertir *secciones* en *acres*, multiplique las secciones por 640. Para convertir *acres* en *secciones*, divida los acres entre 640.

MEDIDA CÚBICA = VOLUMEN

Largo (L) x Ancho (W) x Altura (H) = Volumen (V) (en unidades de medida cúbicas)

12" x 12" x 12" = 1,728 pulgadas cúbicas = 1 pie cúbico
3' x 3' x 3' = 27 pies cúbicos = 1 yarda cúbica
1 m x 1 m x 1 m = 1 metro cúbico

Para convertir *yardas cúbicas* en *pies cúbicos*, multiplique las yardas cúbicas por 27. Para convertir *pies cúbicos* en *yardas cúbicas*, divida los pies cúbicos entre 27.

Lineal

Pies o metros de frente (pulgadas o yardas)

En algunas situaciones, el precio de un terreno puede va-
lorarse por los pies o metros que tiene de frente. Normalmente, esto ocurre cuando el predio da a algún lugar tan
cotizado que su frente es el elemento de mayor valor, por
ejemplo, una avenida, un río o un lago. Así, esta vía de
acceso se convierte en algo muy valioso, tanto que asume
la carga del valor de todo el terreno.

Por ejemplo, considere un terreno situado frente (o que
da) al Lago Águila de la Montaña:

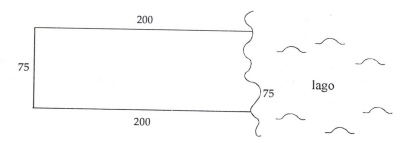

Como los lotes frente al lago son tan cotizados, su costo
unitario es de $1,200 por pie o metro de frente, mientras que
los lotes que no dan al lago se valúan en $3 por pie o metro
de frente.

Por tanto, el lote frente al lago que mostramos en la
ilustración podría valuarse en $90,000 (75 pies o metros x
$1,200 = $90,000), mientras que un terreno del mismo tamaño que no da al lago podría costar cuando mucho la mitad, ó $45,000 (75 pies o metros x 200 pies o metros = 15,000
pies o metros cuadrados; 15,000 pies o metros cuadrados
x $3 = $45,000).

1. El Lago Águila de la Montaña regula la longitud de los
   muelles. Uno de ellos no puede exceder el 80% del frente de los lotes sobre el agua. ¿De cuántos pies o metros
   de largo se puede construir un muelle?

2. ¿Cuánto costaría un muelle, como el anterior, a $12 por pie o metro lineal?

Cuando se conocen las dimensiones de un lote, los pies o metros de frente siempre se mencionan primero. Así, un lote de 60 por 125 pies o metros tendría 60 pies o metros de frente.

Para calcular el precio por pies o metros de frente, divida el precio de venta entre el número de pies o metros de frente:

Precio de venta ÷ Pies o metros de frente =
Precio por pies o metros de frente

Ejemplo: Si un lote de 60 por 125 pies o metros se vendió en $168,000, ¿cuál fue el precio de venta por pies o metros de frente?

$168,000 ÷ 60 pies o metros = $2,800 por pies o metros de frente

3. Una propiedad en la calle Mercado se valuó en $62,500. ¿Cuál es su valor por pies o metros de frente si éste tiene 35 pies o metros?

Lineal: perímetro

El costo de construir cercas o bardas siempre se indica como x $ por pie o metro lineal. Por lo regular, las cercas se instalan en los límites o perímetro de la propiedad para delimitar un área. El perímetro es simplemente el total de pies o metros lineales de los lados que delimitan esta área.

Ejemplo: Hernán compró una franja de tierra que desea cercar. El terreno mide 960 por 2,200 pies o metros. La cerca que él quiere cuesta $2.10 por pie o metro lineal.

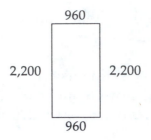

960 + 2,200 + 960 + 2,200 = 6,320 pies o metros lineales
6,320 pies o metros lineales x $2.10 = $13,272 costo de la cerca

Área

Pies o metros cuadrados (pulgadas o yardas)

Es necesario que todo profesional de los bienes raíces pueda calcular con exactitud pies o metros cuadrados y áreas porque

- los inmuebles comerciales se alquilan por pie o metro cuadrado;
- los lotes sin construcción se venden por pie o metro cuadrado o por pie o metro de frente; y
- las casas se venden por pie o metro cuadrado.

Antes de empezar con problemas de áreas, vamos a repasar algunos conceptos básicos sobre formas y medidas.

> El espacio interior de una forma bidimensional se llama área.

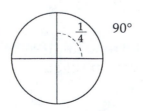

Un ángulo recto es el ángulo formado por una cuarta parte de un círculo. Como un círculo completo tiene 360 grados, y la cuarta parte de 360 es 90, un ángulo recto tiene 90 grados.

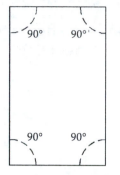

Un *rectángulo* es una figura cerrada de cuatro lados que forman ángulos rectos entre sí. En otras palabras, cada ángulo de un rectángulo tiene 90 grados.

4. *Un cuadrado* es un tipo especial de rectángulo. ¿Cuál de las afirmaciones siguientes describe a un cuadrado (como el que se ilustra aquí)?

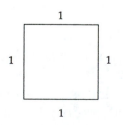

a) Todos los lados de un cuadrado son de la misma longitud.

b) Sólo los lados opuestos de un cuadrado tienen la misma longitud.

c) Los cuadrados son rectángulos con cuatro lados de la misma longitud.

d) Los rectángulos son cuadrados.

e) Los cuadrados son rectángulos con ángulos iguales.

5. ¿Cuál(es) de las siguientes figuras es(son) cuadrado(s)? ¿Cuál(es) es(son) rectángulo(s)?

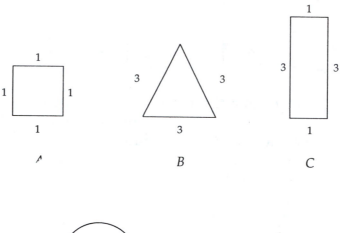

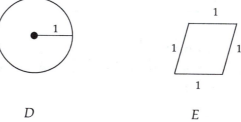

En matemáticas, la palabra *cuadrado* se define como

- figura con cuatro lados de la misma longitud, cuyos ángulos son de 90 grados;
- unidad para medir el área de varias figuras; o
- múltiplo de un número por sí mismo.

Ejemplo: El número 9 es el "cuadrado" de 3 porque si se multiplica 3 x 3, el resultado es 9.

Las unidades de medida se utilizan de la misma forma que los números, por lo que una clara comprensión de este factor simplifica las matemáticas. Por ejemplo, si 3 por 3 es igual a 9, que es el cuadrado de 3, entonces las yardas multiplicadas por yardas equivalen a yardas cuadradas, al igual que los metros multiplicados por metros equivalen a metros cuadrados. O, para dar un mejor ejemplo:

$$3 \text{ yardas} \times 3 \text{ yardas} = ?$$
$$3 \text{ metros} \times 3 \text{ metros} = ?$$

Paso 1. Multiplique los números:

$$3 \times 3 = 9$$

Paso 2. Multiplique las unidades de medida:

$$\text{Yardas} \times \text{Yardas} = \text{Yardas cuadradas}$$
$$\text{Metros} \times \text{Metros} = \text{Metros cuadrados}$$

Ahora veamos algunas *unidades cuadradas.*

Un cuadrado cuyos cuatro lados miden una pulgada es una *pulgada cuadrada* o una pulgada al cuadrado. Un cuadrado cuyos cuatro lados miden un metro es un metro cuadrado. Asimismo, una milla cuadrada es una figura con cuatro lados de una milla, que equivale a 640 acres.

Ejemplo:

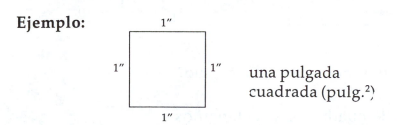

una pulgada
cuadrada (pulg.²)

Un cuadrado cuyos cuatro lados miden un pie es un *pie cuadrado.*

Ejemplo:

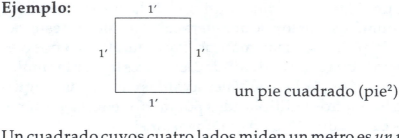

un pie cuadrado (pie²)

Un cuadrado cuyos cuatro lados miden un metro es *un metro cuadrado*.

Ejemplo:

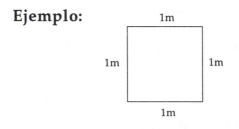

Para calcular el área interior de una figura, mida el número de *unidades cuadradas* dentro de ésta. Una forma de encontrar el número de unidades cuadradas es colocar la figura sobre otra con más unidades cuadradas y contar el número de unidades cuadradas dentro de la figura.

6. Calcule el número de pulgadas cuadradas que hay dentro del rectángulo siguiente.

¿Cuál es el área de este rectángulo?

Área de cuadrados y rectángulos

Ya que contar cuadrados es muy molesto, utilice la fórmula siguiente para calcular el área de cualquier rectángulo:

$$\text{Largo} \times \text{Ancho} = \text{Área} \quad \text{o} \quad L \times W = A$$

Compare los resultados del ejercicio 6 aplicando esta fórmula. Con ésta debe obtener el mismo resultado que consiguió contando cuadrados.

$$1'' \times 3'' = 3 \text{ pulgadas cuadradas}$$

7. Calcule el área del rectángulo usando la fórmula $L \times W = A$:

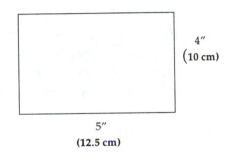

Recuerde que cuando las pulgadas se multiplican por pulgadas, la respuesta debe darse en pulgadas cuadradas. Como ya vimos antes: Pie x Pie = Pies cuadrados

8. ¿Cuál es el área de este cuadrado?

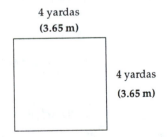

Ahora puede aplicar lo que ha aprendido acerca del área de un rectángulo en un problema común de bienes raíces.

9. El señor Padilla alquila un lote de estacionamiento que mide 80 por 150 pies o metros. ¿Cuánto debe pagar cada año si el lote se alquila en $1.30 por pie o metro cuadrado al año?

Conversión: utilizar medidas similares para el área

Al calcular un área, todas las dimensiones que se utilizan deben ser del mismo *tipo de unidad*. Cuando calculó el área en el problema 6 contando unidades cuadradas, todas las unidades que manejó fueron del mismo tipo: pulgadas. Al emplear una fórmula para calcular un área, también debe emplear unidades del mismo tipo para cada elemento de la fórmula, con la respuesta en unidades cuadradas de ese tipo. De modo que las pulgadas deben multiplicarse por pulgadas para llegar a pulgadas cuadradas, los pies multiplicarse por pies para obtener pies cuadrados, las yardas multiplicarse por yardas para obtener yardas cuadradas y los metros multiplicarse por metros para obtener metros cuadrados.

Si las dos dimensiones que quiere multiplicar están en distintas unidades de medida, debe convertir una de ellas para hacerlas compatibles.

En el sistema inglés lo mejor es convertir todas las unidades a pies; por tanto, deberá

- multiplicar las *yardas* por 3 para *convertirlas* en *pies* y
- dividir las *pulgadas* entre 12 para *convertirlas* en *pies*.

10. Convierta y resuelva:

a) 36" x 3' = __?__ pies cuadrados

_____ x 3' = _____ pies cuadrados

b) 15" x 1.5" = __?__ pies cuadrados

_____ x 1.5' = _____ pies cuadrados

c) 17 yardas x 24" = __?__ pies cuadrados

_____ x _____ = _____ pies cuadrados

Lo más adecuado es calcular los pies cuadrados y luego convertirlos en pulgadas o yardas cuadradas:

- Para convertir *pies cuadrados* en *pulgadas cuadradas*, multiplique los pies cuadrados por 144 pulgadas cuadradas (12" x 12").
- Para convertir *pies cuadrados* en *yardas cuadradas*, divida las yardas cuadradas entre 9 pies cuadrados (3' x 3').

Convierta las respuestas del problema 10 en pulgadas cuadradas, y luego en yardas cuadradas.

11. a) __9__ pies cuadrados x __144__ = __1,296__ pulgadas cuadradas

b) ___ pies cuadrados x ___ = ___ pulgadas cuadradas

c) ___ pies cuadrados x ___ = ___ pulgadas cuadradas

12. Un corredor vendió un lote de 66 pies 9 pulgadas de frente y 150 pies de fondo, que daba a un callejón. El precio de venta fue de $4 por pie cuadrado. Calcule la cantidad que recibió el corredor por esta venta si su comisión fue de 6%.

13. Usted contrata a una persona para que construya una banqueta frente a su casa. Ésta será de 5 pies de ancho por 27 pies 6 pulgadas de largo. Si el constructor le pide $200 por yarda cuadrada, ¿cuánto le va a costar la banqueta?

Área de triángulos

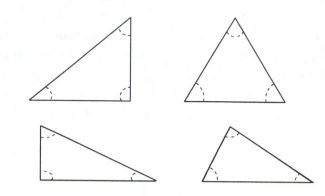

> *Un triángulo* es una figura cerrada con tres lados rectos y tres ángulos. *Tri* significa tres.

Esta figura de una pulgada o metro cuadrado, se dividió a la mitad por una línea recta que toca esquinas opuestas para formar dos triángulos iguales.

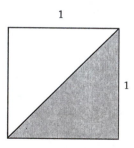

14. ¿Cuántas pulgadas o metros cuadrados hay en la parte sombreada del cuadrado anterior?

15. ¿Cuál es el área del siguiente triángulo?

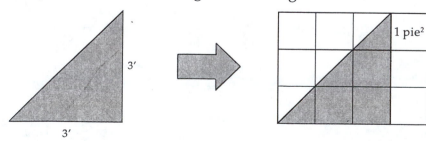

Como anteriormente, es una molestia calcular áreas grandes en unidades cuadradas. De manera que es más conveniente emplear la fórmula siguiente para calcular el área de un triángulo:

$$\frac{1}{2}\,(\text{Base x Altura}) = \text{Área de un triángulo}$$

$$\frac{1}{2}\,(B \times H) = A\,\triangle \quad \text{o}$$

$$\frac{B \times H}{2} = \text{Área de un triángulo}$$

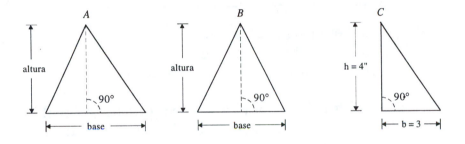

La *base* es el lado en que se posa el triángulo.

La *altura* es la distancia en línea recta desde la parte superior del ángulo de arriba a la base y que forma un ángulo de 90 grados con la base.

16. Calcule el área del triángulo C.

17. La figura siguiente muestra un lote que da a un lago. Calcule su área.

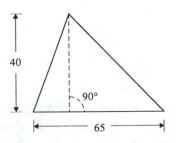

Área de figuras irregulares cerradas

18. Use el siguiente diagrama de dos lotes colindantes para responder las preguntas.

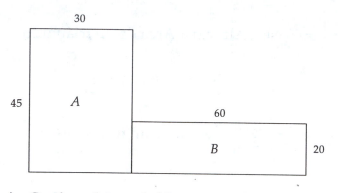

a) ¿Cuál es el área del lote *A*?
b) ¿Cuál es el área del lote *B*?
c) ¿Cuál es el área total de ambos lotes?

Es posible calcular el área de una figura irregular al dividirla en figuras regulares, calculando el área de cada figura regular y sumando todas ellas para obtener el área total.

19. Divida la figura siguiente en rectángulos y calcule su medida en pies o metros cuadrados.

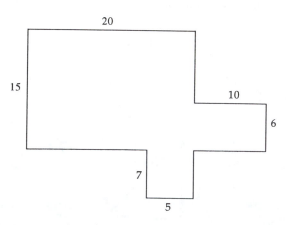

A veces, es más fácil fragmentar una figura y restar las piezas faltantes que tratar de dividirla. Para demostrar esto, veamos dos formas de calcular la medida en pies o metros cuadrados de la figura siguiente.

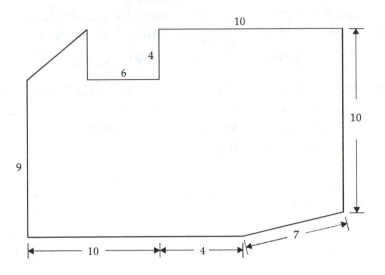

Una forma de hacerlo consiste en dividir la figura en rectángulos y triángulos y calcular los pies o metros cuadrados de cada parte resultante, luego sumar las áreas para obtener el total en pies o metros cuadrados.

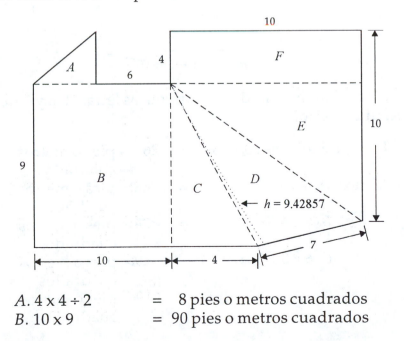

A. $4 \times 4 \div 2$ =   8 pies o metros cuadrados
B. 10×9 = 90 pies o metros cuadrados

C. 4 x 9 ÷ 2   = 18 pies o metros cuadrados
D. 7 x 9.42857 ÷ 2 = 33 pies o metros cuadrados
                              (redondeado)
E. 10 x 6 ÷ 2   = 30 pies o metros cuadrados
F. 10 x 4   = 40 pies o metros cuadrados
                Total   219 pies o metros cuadrados

Una forma más fácil de calcular el área total es (1) fragmentar la figura, (2) calcular la medida en pies o metros cuadrados y (3) calcular su medida en pies o metros cuadrados y restar las piezas faltantes.

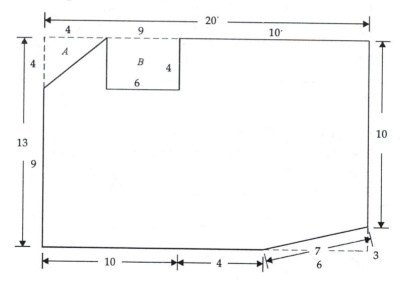

Las piezas faltantes se identifican con las letras *A*, *B* y *C* de la figura anterior.

La figura total es 20 x 13   =   260   pies o metros
                                                      cuadrados
Menos: *A*. 4 x 4 ÷ 2   =   <8>   pies o metros
                                                      cuadrados
        B. 6 x 4   =   <24> pies o metros
                                                      cuadrados
        C. 6 x 3 ÷ 2   =   <9>   pies o metros
                                                      cuadrados
                        Total   219   pies o metros
                                                      cuadrados

Dentro de los bienes raíces, la mayoría de los cálculos que tendrá que hacer estarán relacionados con las medidas en pies o metros cuadrados de un lote o casa. Cuando calcule los pies o metros cuadrados de las habitaciones de una casa (por ejemplo, el área con calefacción y aire acondicionado), emplee los cinco pasos siguientes:

1. Haga un plano de los cimientos.
2. Mida y anote las dimensiones de todas las paredes exteriores, recordando si está usando el sistema inglés convertir las pulgadas en equivalentes decimales de un pie y en el sistema métrico anotar todo en metros.
3. Diagrame su dibujo e identifique las áreas faltantes del espacio. Esto incluye la cochera contigua, patios, pórticos, etcétera.
4. Calcule el total en pies o metros cuadrados.
5. Reste las áreas faltantes.

20. Calcule el área que se muestra a continuación.

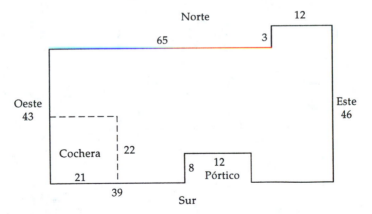

Área de trapezoides

La figura siguiente se llama trapezoide. Puede calcular su área aplicando la fórmula

$$\frac{a+b}{2} \times h = A$$

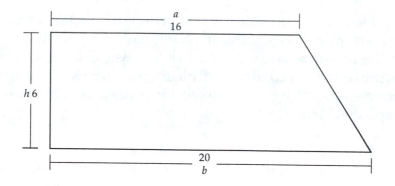

Al sustituir, tenemos:

Paso 1. $\dfrac{16 + 20}{2} \times 6 = A$

Paso 2. $\dfrac{36}{2} \times 6 = A$

Paso 3. $18 \times 6 = A$

Paso 4. 108 pies o metros cuadrados $= A$

También puede dividir el trapezoide en un rectángulo y un triángulo.

Ejemplo:

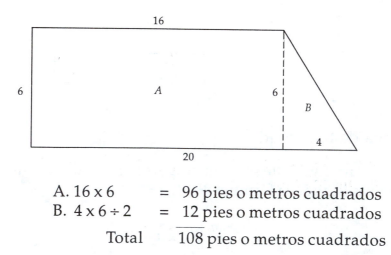

A. 16×6 =   96 pies o metros cuadrados
B. $4 \times 6 \div 2$ =   12 pies o metros cuadrados

        Total   108 pies o metros cuadrados

Volumen

Pies o metros cúbicos (pulgadas o yardas)

Cuando una forma comprende un espacio, ésta tiene *volumen*.

El espacio que ocupa un objeto tridimensional se llama *volumen*.

Técnicamente hablando, toda forma con tres dimensiones también puede medirse en términos del área de su superficie. Por ejemplo, una recámara tiene volumen porque tiene tres dimensiones: largo, ancho y altura; sin embargo, *una pared* puede medirse como un *área de superficie,* o largo por altura igual a área.

21. a) ¿Cuál de las siguientes formas tiene volumen?

   b) ¿Cuál tiene sólo área?

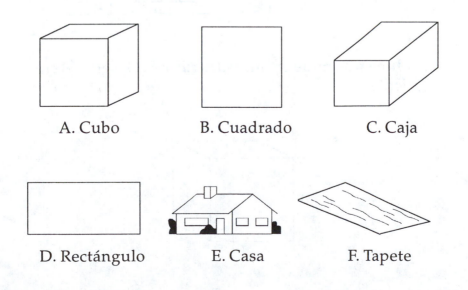

A. Cubo   B. Cuadrado   C. Caja

D. Rectángulo   E. Casa   F. Tapete

Las figuras planas —cuadrados, rectángulos, triángulos, etcétera— *no* tienen volumen. Las figuras planas tienen dos dimensiones (largo y ancho o altura) y las formas con volumen tienen tres dimensiones (largo, ancho y altura).

Unidades cúbicas

Un cubo está formado por seis cuadrados. Observe los seis lados de este cubo:

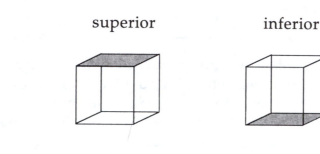

superior   inferior

lados del cubo

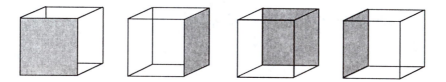

El volumen se mide en unidades *cúbicas*. Observe el cubo siguiente:

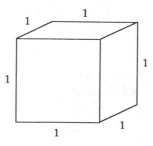

Cada lado mide una unidad. La figura representa *1 unidad cúbica*. Si son pulgadas se abrevia pulg.³ Así como yardas por yardas equivale a yardas cuadradas, un múltiplo de tres unidades de espacio equivale a unidades cúbicas, o:

Pulgadas x Pulgadas x Pulgadas = Pulgadas cúbicas
Metros x Metros x Metros = Metros cúbicos

22. ¿Cuántas pulgadas cúbicas hay en esta figura?

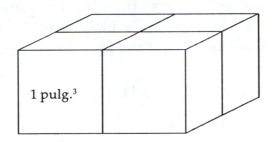

La figura siguiente representa 1 *pie cúbico*, se abrevia pie³:

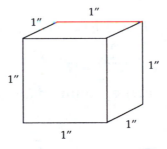

Volumen de formas de caja

Use la fórmula siguiente para calcular el volumen:

$$L \text{ (largo)} \times W \text{ (ancho)} \times H \text{ (altura)} = V \text{ (volumen)}$$

23. Encuentre el volumen de cada una de las cajas siguientes.

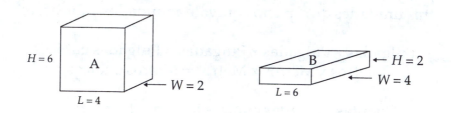

24. Un edificio cuesta $90,000. Tiene 50 pies o metros de largo, 35 de ancho y 40 de altura, incluido el sótano. ¿Cuál es el costo de este edificio por pie o metro cúbico?

Volumen de prismas triangulares

Para calcular el volumen de una figura triangular con tres dimensiones, llamada *prisma* (por ejemplo, el armazón en forma de A de una casa), use la fórmula siguiente:

$$\frac{1}{2}\,(l \; x \; w \; x \; h) = V \text{ (volumen)}$$

Ejemplo: Para calcular el volumen de esta casa:

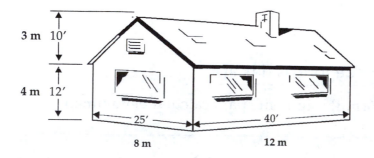

A. Divida la casa en dos figuras: prisma y cubo.

B. Calcule el volumen del prisma.

En sistema inglés

$$V = \frac{1}{2} \ (l \times w \times h)$$

$$= \frac{1}{2} \ (40' \times 25' \times 10')$$

$$= \frac{1}{2} \ (10{,}000 \text{ pies cúbicos}) = 5{,}000 \text{ pies cúbicos}$$

En sistema métrico

$$V = \frac{1}{2} \ (12 \ m \times 8 \ m \times 3 \ m)$$

$$= \frac{1}{2} \ (12 \ m \times 8 \ m \times 3 \ m)$$

$$= \frac{1}{2} \ (288 \ m^3) = 144 \text{ metros cúbicos}$$

C. Calcule el volumen del cubo.

$$V = l \times w \times h$$

$$= 25' \times 40' \times 12' = 12{,}000 \text{ pies cúbicos}$$
$$= 12 \ m \times 8 \ m \times 4 \ m = 384 \text{ metros cúbicos}$$

D. Calcule el volumen total del prisma y el cubo.

5,000 pies cúbicos + 12,000 pies cúbicos = 17,000 pies cúbicos
144 m³ + 384 m³ = 528 metros cúbicos

25. La familia Chapa compró una casa de dos pisos en $123,500. Tiene 35 pies de largo por 20 de ancho y el primer piso es de 10 pies de altura. El segundo piso, en forma de A, tiene una altura de 8 pies en su parte más alta. ¿Cuántos pies cúbicos de espacio tiene la casa? ¿Cuánto costó por pie cúbico? En sistema métrico, **12 m** de largo por **7 m** de ancho y el primer piso de **3 m** de altura. El segundo piso tiene una altura de **2.50 m**. ¿Cuántos metros cúbicos tiene? ¿Cuánto costó por metro cúbico?

26. ¿Cuántas yardas cúbicas de espacio hay en una casa de techo plano de 27 pies de largo, 18 de ancho y 9 de altura? En métrico, **9 m** de largo, **6 m** de ancho y **3 m** de altura.

Problemas para práctica adicional

Después de resolver los siguientes problemas, compare sus resultados con los que se encuentran al final del capítulo. Si no puede resolver alguno, repase el material antes de seguir adelante. Dado que lo importante es la operación, cuando no es relevante la medida se ha dejado en el sistema inglés.

Use el diagrama siguiente para contestar las primeras cuatro preguntas:

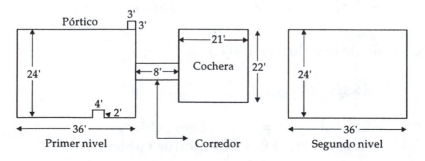

1. El área total en pies cuadrados del espacio habitable en el primer piso de esta casa es:

a) 864   b) 856   c) 905   d) 873

2. El área total en pies cuadrados del espacio habitable en toda la casa es:

a) 1,761   b) 1,796   c) 1,769   d) 1,720

3. A un precio de $18 por pie cuadrado, ¿cuánto costaría construir la cochera?

a) $8,780   b) $7,548   c) $8,316   d) $8,696

4. A $53 por pie cuadrado, ¿cuánto costaría construir la *casa* si la cochera cuesta $1,800 y el corredor $2,850?

a) $91,160   b) $95,810   c) $92,960   d) $94,010

5. La construcción siguiente cuesta $48 por metro cúbico. ¿Cuál es el costo total de esta construcción?

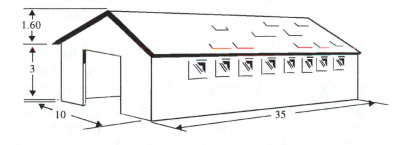

a) $108,000   b) $40,000   c) $50,000   d) $135,000

6. El área de un rectángulo que mide 5 por 17 pies o metros es

a) 22 pies o metros

b) 85 pies o metros cuadrados

c) 44 pies o metros cuadrados

d) 44 pies o metros lineales

7. Un vendedor tenía un terreno rectangular de 10 acres con un frente de 726 pies que da al sur de un camino pavimentado. Después de vender la mitad de este terreno, el propietario cercó la parte restante a un costo de $2.50 por pie lineal. La cerca costó

a) $2,652   b) $4,576   c) $5,130   d) $2,565

En métrico: superficie **40,469 m²** con frente de **220.41 m**. La cerca cuesta **$8.20** por metro lineal.

a) **$2,652**   b) **$4,576**   c) **$5,130**   d) **$2,565**

8. Un granero en forma de U se constituye de dos rectángulos de 30 por 75 pies y una sección contigua de 20 por 50 pies. El costo aproximado de un piso de concreto de 4 pulgadas de grosor, a razón de $36 por yarda cúbica, es

a) $44,000   b) $2,222   c) $2,442   d) $1,444

En métrico: dos rectángulos de **10 x 25** metros y una sección contigua de **6 x 15** metros. El costo de un piso de 10 cm de espesor es de **$41.38** por metro cúbico.

a) **$44,000**   b) **$2,222**   c) **$2,442**   d) **$1,444**

9. Se demolió un edificio para construir un estacionamiento y es preciso llenar el área de cimentación con tierra y relleno sólido. El agujero es de 35 pies de ancho por 79 de largo y 6 de profundidad. ¿Cuál es la cantidad aproximada de relleno, en yardas cúbicas, que se necesitará?

a) 614   b) 2,765   c) 5,530   d) 18,590

En métrico: el agujero es de **12 m** de ancho por **24 m** de largo y **2 m** de profundidad. ¿Cuál es el relleno en metros cúbicos que se necesita?

a) **576**   b) **288**   c) **5,760**   d) **480**

10. ¿Cuál será el costo de las $\frac{2}{5}$ partes de un terreno de 174,240 pies cuadrados si el precio por acre es de $1,500?

a) $2,400   b) $6,000   c) $1,500   d) $1,200

En métrico: ¿Cuál es el costo de un terreno de **16,180** metros cuadrados si la hectárea vale $1,483.31?

a) **$2,400**   b) **$6,000**   c) **$1,500**   d) **$1,200**

Clave de respuestas

Soluciones: Ejercicios de calentamiento

1. A.   115.5 x 99.75 ÷ 2 =   5,760.56 unidades cuadradas
   B.   200 x 75.5   =   15,100 unidades cuadradas
   C.   40 x 60   ÷ 2 =   1,200 unidades cuadradas
   D.   60 x 60   =   3,600 unidades cuadradas
   E.   100 x 141.25   =   14,125 unidades cuadradas
   F. 100.25 x 75.5   = 7,568.88 unidades cuadradas
                       Total   47,354.44 unidades cuadradas

2. (d): 47,354.44 unidades cuadradas x $6 = $284,126.64

3. (c): 14,125 unidades cuadradas x $6.50 = $91,812.50
         $91,812.50 x .07 = $6,426.88

4. (a): 45 x 30 x 40 = 54,000 unidades cúbicas
         $97,200 ÷ 54,000 unidades cúbicas = $1.80 por unidad cúbica

Soluciones: Problemas del capítulo

1. 75 x .80 = 60

2. 60 x $12 = $720

3. $62,500 ÷ 35 = $1,785.71

4. (c): Los cuadrados son rectángulos con cuatro lados del mismo tamaño.

5. La figura A es un cuadrado.
   Las figuras A y C son rectángulos. Recuerde, un cuadrado es un rectángulo con cuatro lados del mismo tamaño.

6. 3 pulgadas cuadradas

7. 5" x 4" = 20 pulgadas cuadradas
   10 cm x 12.5 cm = 125 cm²

8. 4 yardas x 4 yardas = 16 yardas cuadradas
   3.65 m x 3.65 m = 13.32 cm²

9. 80 x 150 = 12,000 pies o metros cuadrados
   12,000 pies o metros cuadrados x $1.30 = $15,600

10. a) 36" ÷ 12 = 3'
    <u>3'</u> x <u>3'</u> = 9 pies cuadrados

    b) 15" ÷ 12 = 1.25'
    <u>1.25'</u> x 1.5' = <u>1.875</u> pies cuadrados

    c) 17 yardas x 3 = 51'
    24" ÷ 12 = 2'
    <u>51'</u> x 2' = <u>102</u> pies cuadrados

11. a) 9 pies cuadrados x 144 = 1,296 pulgadas cuadradas
    b) 1,875 pies cuadrados x 144 = 270 pulgadas cuadradas
    c) 102 pies cuadrados x 144 = 14,688 pulgadas cuadradas

12. 9" ÷ 12 = .75'
    .75' + 66' = 66.75'
    66.75' x 150' = 10,012.50 pies cuadrados
    10,012.50 pies cuadrados x $4 = $40,050
    $40,050 x .06 = $2,403

13. 6" ÷ 12 = .5'
    .5' + 27' = 27.5'
    27.5' x 5' = 137.50 pies cuadrados
    137.50 pies cuadrados ÷ 9 = 15.278 yardas cuadradas
    15.278 yardas cuadradas x $200 = $3,056 (redondeado)

14. 1 x 1 ÷ 2 = .5 pulgadas o metros cuadrados

15. 3' x 3' ÷ 2 = 4.5 pies cuadrados

16. 3 x 4 ÷ 2 = 6 pulgadas o metros cuadrados

17. 65 x 40 ÷ 2 = 1,300 pies o metros cuadrados

18. a) 30 x 45 = 1,350 pies o metros cuadrados
    b) 60 x 20 = 1,200 pies o metros cuadrados
    c) 1,350 pies o metros cuadrados + 1200 pies o metros cuadrados =
    2,550 pies o metros cuadrados

19. a)   20 x 15 = 300 pies o metros cuadrados
b)   5 x 7 =   35 pies o metros cuadrados
c)   10 x 6 =   60 pies o metros cuadrados
    Total   395 pies o metros cuadrados

20.

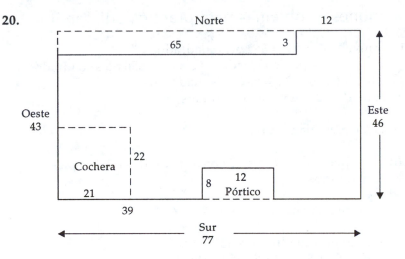

77 x 46 = 3,542   pies o metros cuadrados
Menos: 65 x 3 = < 195> pies o metros cuadrados
         21 x 22 = < 462> pies o metros cuadrados
          8 x 12 = < 96> pies o metros cuadrados
         Total   2,789   pies o metros cuadrados

21. a) *A.* cubo   *C.* caja   *E.* casa
b) *B.* cuadrado   *D.* rectángulo *F.* tapete

22. 4 pulgadas cúbicas

23. *A.* 4 x 2 x 6 = 48 pulgadas o metros cúbicos
B. 6 x 4 x 2 = 48 pulgadas o metros cúbicos

24. 50 x 35 x 40 = 70,000 pies o metros cúbicos
$90,000 ÷ 70,000 pies o metros cúbicos = $1.29 (redondeado)

25. 35′ x 20′ x 10′   = 7,000 pies cúbicos
35′ x 20′ x 8′ ÷ 2 = 2,800 pies cúbicos
         Total   9,800 pies cúbicos
$123,500 ÷ 9,800 pies cúbicos = $12.60 por pie cúbico
12m x 7m x 3m   = 252 metros cúbicos
12m x 7m x 2.5m ÷ 2 = 105 metros cúbicos
         Total   357 metros cúbicos
$123,500 ÷ 357 metros cúbicos = $345.93 por metro cúbico

26. 27' x 18' x 9' = 4,374 pies cúbicos
4,374 pies cúbicos ÷ 27 = 162 yardas cúbicas
9 m x 6 m x 3 m = 162 metros cúbicos

Soluciones: Problemas para práctica adicional

Primer nivel. 36' x 24' = 864 pies cuadrados
            864 pies cuadrados - (2' x 4') = 856 pies cuadrados
Segundo nivel. 36' x 24' = 864 pies cuadrados
Cochera. 21' x 22' = 462 pies cuadrados

1. (b): 856 pies cuadrados

2. (d): 856 pies cuadrados + 864 pies cuadrados = 1,720 pies
cuadrados

3. (c): 462 pies cuadrados x $18 = $8,316

4. (b): 1,720 pies cuadrados x $53 = $91,160
$91,160 + $1,800 + $2,850 = $95,810

5. (c): 35 x 10 x 3 = 560 metros cúbicos
35 x 10 x 1.6 ÷ 2 = 280 metros cúbicos
560 metros cúbicos + 280 metros cúbicos = 840 metros cúbicos
840 metros cúbicos x $48 = $40,320

6. (b): 5 x 17 = 85 pies o metros cuadrados

7. (c). 10 acres x 43,560 pies cuadrados = 435,600 pies cuadrados
435,600 pies cuadrados ÷ 726' = 600'
600' ÷ 2 = 300'
726' + 300' + 726' + 300' = 2,052'
2,052' x $2.50 = $5,130
40,469 metros cuadrados ÷ 220.41 metros
40,469 metros cuadrados ÷ 220.41 metros = 183.60 metros
183.60 metros ÷ 2 = 91.80 metros
220.41 + 91.80 + 220.41 + 91.80 = 625.60 metros
625.60 metros x $8.20 = $5,130 (redondeado)

8. (c): 30' x 75' = 2,250 pies cuadrados
2,250 pies cuadrados x 2 = 4,500 pies cuadrados
20' x 50' = 1,000 pies cuadrados
4,500 pies cuadrados + 1,000 pies cuadrados =
5,500 pies cuadrados

4" ÷ 12 = .333'
5,500 pies cuadrados x .333' = 1,831.5 pies cúbicos
1,831.5 pies cúbicos ÷ 27 = 67.833 yardas cúbicas
67.833 yardas cúbicas x $36 = $2,441.99, ó $2,442 (redondeado)
10 m x 25 m = 250 m²
250 m² x 2 cuerpos = 500 m²
6 m x 15 m = 90 m²
500 m² + 90 m² = 590 m²
590 m² x .10 m = 59 m³
59m³ x $41.38 = $2,441.42 (redondeado a $2,442)

9. (a): 35' x 79' x 6' = 16,590 pies cúbicos
16,590 pies cúbicos ÷ 27 = 614.444 yardas cúbicas,
ó 614 (redondeado)
12 x 24 x 2 = 576 metros cúbicos

10. (a): 2 ÷ 5 = .40
.40 x 174,240 pies cuadrados = 69,696 pies cuadrados
69,696 pies cuadrados ÷ 43,560 pies cuadrados = 1.6 acres
1.6 acres x $1,500 = $2,400
16,180 metros cuadrados = 1.618 hectáreas
1.618 hectáreas x $1,483.31 = 2,399.99 (redondeado a 2,400)

Capítulo 6

Depreciación

Este capítulo detalla algunas de las aplicaciones básicas de la depreciación. Debido a que la aplicación y definición de depreciación están sujetas a leyes federales y estatales, los lectores deben consultar a asesores legales en relación con cualquier aspecto de la ley. Cualquier análisis poco profundo acerca de la "depreciación" puede llevar a un vendedor o comprador no prevenido a tener problemas de impuestos. El contenido es muy general. Esto se debe a los frecuentes y, en ocasiones, importantes cambios en las leyes de impuestos. No se preocupe por las generalizaciones, mejor aprenda los conceptos y los métodos, de modo que pueda aplicarlos a cualquier ley de impuestos vigente. Recuerde, el contenido de este libro es una introducción a las matemáticas en los bienes raíces y no a los impuestos.

Al finalizar este capítulo podrá

- calcular con exactitud la depreciación linear, y
- calcular la depreciación con el uso de diversas tablas.

Ejercicios de calentamiento

1. Si Alberto paga $75,000 por la renta de un inmueble con una antigüedad de 30 años, ¿cuánta depreciación linear puede considerar cada año si el lote vale $15,000?

   a) $2,500   b) $500   c) $2,000   d) $3,000

2. En el problema anterior, ¿cuánta depreciación se acumulará en cinco años?

   a) $10,000   b) $2,500   c) $15,000   d) $ 12,500

3. Carlos Ramírez compró una propiedad hace seis años en $70,000. Al momento de la compra, el lote estaba valuado en $15,000. Si durante los seis años de posesión el lote ha tenido una depreciación linear de 4% por año y las mejoras se han depreciado un 2.5%, ¿cuál es el valor actual de las mejoras?

   a) $59,500   b) $8,250   c) $61,750   d) $46,750

4. ¿Cuál es el valor actual de la propiedad que se describe en el problema anterior?

   a) $65,350   b) $61,750   c) $73,600   d) $51,400

Aplicaciones de la depreciación

El término *depreciación* tiene varios significados, según su aplicación. Es probable que el vendedor de bienes raíces encuentre todas estas variantes. Por lo general, la depreciación se utiliza en avalúos, declaraciones de impuestos y contabilidad.

Depreciación en el avalúo

La depreciación se utiliza en el método de planteamiento de costo para el avalúo real de la propiedad. En forma básica mide la cantidad en que el valor de la propiedad disminuye debido al desgaste físico. Por ahora, no hablaremos más de esta aplicación de la depreciación, ya que en el capítulo 7 se estudiará con más detalle.

Depreciación para propósitos de impuestos sobre la renta

La depreciación se utiliza para la deducción de impuestos sobre la renta, ya sean federales o estatales, individuales o corporativos. Así como en el caso del avalúo, la depreciación para propósitos de impuestos se aplica sólo en edificios y mejoras —como superficies en lotes de estacionamiento, cercas o alambradas, líneas de servicio y jardines— y *no* en el terreno. Algunos artículos de propiedad personal que se incluyan en un intercambio o negocio también pueden depreciarse. Ejemplos de ello son los muebles, equipo y vehículos. La flexibilidad o el término de depreciación se determina por la Ley de Impuestos y regulaciones de cada país.

Depreciación en contabilidad: funciones de teneduría de libros

En las prácticas contables, la depreciación puede calcularse como una función de la teneduría de libros. Se utiliza para determinar las utilidades y pérdidas de un negocio. La depreciación considera un gasto aun cuando no se haya incurrido en ningún gasto *real* para ese artículo. Si un negocio continúa haciendo pagos de un artículo que ya se depreció, esos pagos no tendrán ninguna relación con el monto de la depreciación. El pago depende del monto y de la duración del préstamo o del pagaré y su tasa de interés, mientras que la depreciación depende de la vida económica o útil del artículo para propósitos de teneduría de libros.

Nótese que el propósito de la depreciación, cuando se utiliza para el cálculo de impuestos o teneduría de libros, es permitir al dueño recobrar el costo inicial del artículo que se depreció. El *valor depreciado* o *valor de libro* no tiene relación con el *valor en el mercado* (el precio que un comprador estaría dispuesto a pagar) del artículo depreciado. Por ejemplo, en un periodo de inflación, el valor en el mercado de un edifico típico es mucho mayor que su valor depreciado. (Si se vende un edificio por un monto mayor que su valor depreciado, el excedente causará impuestos de acuerdo con diversas leyes y reglamentos.)

Método linear

En los cálculos siguientes se emplea el método linear para la depreciación. Éste comprende una cantidad igual de depreciación para deducirse de una base anual. **Nota:** el término *vida económica* que se utiliza en el ejemplo siguiente se refiere al periodo durante el cual se espera que el artículo proporcione un beneficio económico.

Ejemplo: Con el método linear, un aparato de aire acondicionado que cuesta $10,000 y tiene una vida económica de diez años, puede depreciarse en $1,000 por año. Al término del periodo de diez años, se habrá recuperado la cantidad total de $10,000. Para determinar la cantidad de depreciación anual, divida el costo inicial del artículo entre su vida económica, o:

$$\text{Costo inicial} \div \text{Vida económica} =$$
$$\text{Monto de depreciación anual}$$

Ahora inténtelo usted trabajando con el ejercicio siguiente.

1. Isela compró muebles y mostradores de exhibición nuevos para su tienda de artesanías. El costo total fue de $4,000. Si los deprecia por un periodo de aproximadamente siete años, ¿cuánta depreciación puede considerar por cada año?

Utilizando la misma información, puede realizar un cuadro de depreciación para el periodo de siete años, demostrando cómo la depreciación anual afecta el valor en libros de los muebles para la tienda de Isela.

Año	Depreciación anual	Valor en libros
Nuevo		$4,000.00
1	$571.43	3,428.57
2	571.43	2,857.14
3	571.43	2,285.71
4	571.43	1,714.28
5	571.43	1,142.85
6	571.43	571.42
7	571.42	-0-

Ejemplo: Susana rentó una casa con opción a compra por $55,000, pagando $5,000 en efectivo y obteniendo un préstamo hipotecario por $50,000, a pagar en un plazo de 30 años. El perito en impuestos valuó el lote en $10,000. Si Susana deprecia la casa en un periodo de aproximadamente 27.5 años, ¿cuánta depreciación puede considerar cada año?

Primero, identifique los datos innecesarios y descártelos. Por ejemplo, el dinero en efectivo invertido, el monto del préstamo hipotecario y su duración no tienen ninguna importancia en este problema. También recuerde que el lote o terreno no puede depreciarse porque, teóricamente, su valor no se deteriora. Por tanto, su valor debe restarse al costo total de la propiedad.

    $55,000   costo total de la propiedad
    −10,000   valor del terreno
    $45,000   valor del edificio a depreciarse

En segundo lugar, el periodo de depreciación es de 27.5 años. Esto no está relacionado en ninguna forma con la duración del préstamo. Por tanto, el valor del edificio debe dividirse entre el número de años en que se tomará la depreciación.

$$\$45,000 \div 27.5 = \$1,636.36 \text{ depreciación anual}$$

2. El servicio de bolsa inmobiliaria de su localidad decide comprar un equipo de impresión para imprimir sus propios catálogos. Si el equipo de impresión cuesta $40,000 y se planea depreciarlo en diez años aproximadamente, ¿cuánta depreciación se considerará (valor en libros), al término de cuatro años, cuando decida cambiarlo por un equipo de impresión láser?

La gráfica siguiente muestra la relación tiempo/dinero del problema 2.

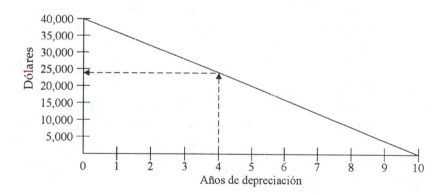

Para determinar la cantidad de depreciación en cuatro años, trace una línea desde el número 4 en el eje de tiempo, o eje horizontal, hacia arriba hasta intersectar la línea diagonal. Al llegar a este punto, trace una línea a la izquierda, hacia el eje del dinero o vertical. El valor contable en libros es $24,000 y su depreciación es $16,000.

3. Ahora inténtelo usted. Utilizando la gráfica anterior, determine cuánta depreciación se considerará al término de siete años.

Depreciación acumulada

Las cifras iniciales que se utilizaron en el problema 3, $40,000 y $28,000, se consideraron en siete años. La cifra $28,000 se conoce como *depreciación acumulada*.

$40,000   costo inicial
– 12,000   depreciación todavía permisible
$28,000   depreciación acumulada

Aplicaciones de la depreciación

4. Diana compró un condominio horizontal con cuatro habitaciones cerca de la universidad local. El costo de la propiedad fue de $120,000. El valor del terreno era de $22,500. Diana pagó $16,000 en efectivo y firmó un pagaré al vendedor por el saldo de $104,000, que producía un interés del 10% a pagar en plazos mensuales durante 25 años. Si el total de los costos de operación del primer año, incluyendo impuestos y seguro, fue de $2,000, el total de la utilidad de la renta de $15,000 y el total de los pagos del préstamo hipotecario de $11,340 (de los cuales $985 fueron para capital), ¿cuánta utilidad gravable tuvo disponible si empleó un periodo de depreciación de 27.5 años? (Suponiendo que la Ley de Impuestos le permitió usar toda la depreciación.) ¿Cuánta depreciación por año se considerará?

Problemas para práctica adicional

Después de resolver estos problemas, compare sus resultados con la clave de respuestas al final del capítulo. Si no pudo resolver algunos, repase de nuevo antes de seguir adelante.

1. Usted desea comprar un automóvil nuevo de $12,000 para su negocio de bienes raíces. Si planea utilizarlo al

100% y depreciarlo en cinco años aproximadamente, ¿cuánta depreciación puede considerar cada año?

a) $2,000   b) $2,400   c) $1,800   d) $ 1,200

2. Una casa y el terreno donde está construida están valuados en $80,000. Si el terreno vale $20,000 y la propiedad se depreciará en 30 años aproximadamente, ¿cuánta depreciación se considerará en tres años?

a) $2,000   b) $6,000   c) $2,667   d) $8,000

3. Tomando en cuenta un factor de depreciación de 2.56% anual, ¿cuál es el valor de depreciación de un edificio industrial que ha estado en servicio durante 17 años, si su costo original fue de $856,000?

a) $372,360   b) $482,099 c) $600,564   d) $483,469

4. ¿Cuál es el monto de depreciación anual de una propiedad de $200,000 si su edificio corresponde al 80% del valor total? La propiedad tiene ocho años de antigüedad y se depreciará a los 27.5 años.

a) $46,545.46   b) $5,818.18 c) $7,272.73 d) $58,181.82

5. Una propiedad se adquirió hace cinco años en $185,000, de los cuales $45,000 correspondían al terreno. Si durante este periodo el terreno tuvo una apreciación del 6% anual y la construcción se elevó a $1\frac{1}{2}$ por año, ¿cuál es el valor actual de la propiedad?

a) $182,000   b) $198,500   c) $209,000   d) $201,200

6. ¿Cuál es el valor total de depreciación acumulada de un sistema de computación de $3,200 con cuatro años de antigüedad, que tiene una depreciación linear a los siete años?

a) $457.14   b) $2,742.86 c) $1,371.43   d) $1,828.56

7. Tomando en cuenta una depreciación linear anual de 2.778%, calcule la depreciación acumulada de un edifi-

cio comercial con 10 años de antigüedad y un valor de $450,000.

a) $125,010   b) $324,990   c) $405,000   d) $437,496

8. ¿Cuál es el valor actual en libros de un edificio que tiene seis años de antigüedad y un valor de $463,000, que se deprecia en línea a razón de 3.636% por año?

a) $101,017.34   c) $141,844.68
b) $361,991.92   d) $321,155.32

9. Si se pagan $20,000 en efectivo por una propiedad de $125,000 cuyo terreno tiene un valor de $25,000, ¿cuánto puede depreciarse?

a) $105,000   b) $80,000   c) $125,000   d) $100,000

10. Roberto compró un sistema de aire acondicionado nuevo para instalarlo en su casa. El sistema tiene un costo de $9,000 y se depreciará a los nueve años. ¿Cuánto se deprecia al término de tres años?

a) $1,000   b) $9,000   c) $3,000   d) $6,000

Clave de respuestas

Soluciones: Ejercicios de calentamiento

1. (c): $75,000 – $15,000 = $60,000
$60,000 ÷ 30 = $2,000

2. (a): $2,000 x 5 = $10,000

3. (d): $70,000 – $15,000 = $55,000
.025 x 6 = .15
$55,000 x .15 = $8,250
$55,000 – $8,250 = $46,750

4. (a): .04 x 6 = .24
$15,000 x .24 = $3,600
$15,000 + $3,600 = $18,600
$18,600 + $46,750 = $65,350

Soluciones: Problemas del capítulo

1. $4,000 ÷ 7 = $571.43

2. $40,000 ÷ 10 = $4,000
$4,000 x 4 = $16,000
$40,000 – $16,000 = $24,000

3. Comience en la línea 7 del eje horizontal, suba a la línea de depreciación y hacia la izquierda. Sólo quedan $12,000, de modo que se consideraron $28,000 de depreciación.

4. $120,000 - $22,500 = $97,500
100% del valor del edificio ÷ 27.5 años = 3,636 ó .03636
$97,500 x .03636 = $3,545.10

Soluciones: Problemas para práctica adicional

1. (b): $12,000 ÷ 5 = $2,400

2. (b): $80,000 – $20,000 = $60,000
$60,000 ÷ 30 = $2,000
$2,000 x 3 = $6,000

3. (d): .0256 x 17 = .4352
$856,000 x .4352 = $372,531 (redondeado)
$856,000 - $372,531 = $483,469

4. (b): $200,000 x .80 = $160,000
$160,000 ÷ 27.5 = $5,818.18

5. (c): $185,000 - $45,000 = $140,000
.06 x 5 = .30
.30 x $45,000 = $13,500
$45,000 + $13,500 = $58,500
.015 x 5 = .075
.075 x $140,000 = $10,500
$140,000 + $10,500 = $150,500
$58,500 + $150,500 = $209,000

6. (d): $3,200 ÷ 7 = $457.14
$457.14 x 4 = $1,828.56

7. (a): .02778 x 10= .2778
$450,000 x .2778 = $125,010

8. (b): .03636 x 6 = .21816
$463,000 x .21816 = $101,008.08
$463,000 - $101,008.08 = $361,991.92

9. (d): $125,000 - $25,000 = $100,000

10. (c): $9,000 ÷ 9 = $1,000
$1,000 x 3 = $3,000

Capítulo 7

MÉTODOS DE AVALÚO

Este capítulo presenta los métodos y las fórmulas usadas para la estimación del valor de la propiedad. Primero se le proporcionará una descripción general de los métodos más comúnmente usados para estimar una propiedad, incluyendo

- la técnica de avalúo por comparación de mercado;
- la técnica del cálculo de costos; y
- la técnica de capitalización por ingresos.

Después, analizará en detalle cada método. El avalúo *no* es una ciencia. Un avalúo es un *estimado* del valor, el cual depende de la experiencia y el sentido común de un valuador, quien debe manejar los datos involucrados.

El propósito de este capítulo es ayudarlo a entender los procesos de avalúo. Un análisis a fondo sobre el tema no está al alcance de este texto.

Al terminar de leer este apartado, usted podrá

- ajustar comparativos, aplicando el cálculo por comparación de mercado;

- calcular con precisión el costo de reposición o repro-
ducción y la depreciación acumulada para la aplicación del cálculo de costos; y
- capitalizar un ingreso neto anual de operación en un
indicativo de valor para una propiedad generadora de
ingresos.

Ejercicios de calentamiento

1. ¿Cuál es el costo estimado de reposición del siguiente
edificio si se calcula un costo de $28.50 por pie o metro
cuadrado?

a) $63,000   b) $61,275   c) $62,500   d) $62,000

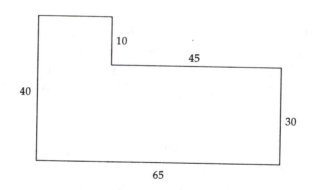

2. Utilizando el costo de reposición del edificio en el problema anterior, ¿cuál es el valor de la propiedad si el
edificio tiene $6,250 de depreciación acumulada y está
asentado sobre un lote de $25,000?

a) $61,275   b) $31,250   c) $80,025   d) $68,900

3. Un edificio de departamentos tiene un ingreso neto
anual de operación de $25,000. Si la propiedad se vende
a $175,000, ¿cuál es la tasa de capitalización general para
esta propiedad?

a) 14%   b) 14.3%   c) 14.5%   d) 14.7%

4. Si usted comprara un edificio de departamentos en $265,000 y quisiera un rendimiento general del 24% sobre su inversión, ¿qué ingreso neto anual de operación tendría que producir su propiedad para cubrir su rendimiento requerido?

a) $63,600.00   c) $63,000.00

b) $110,416.67   d) $63,500.00

Valor

El *valor* no es un número estadístico, sino un concepto que incluye los *beneficios* que brinda el elemento a su propietario real o potencial. Si usted concuerda con esta aseveración, es más sencillo entender el uso del término *valor* no sólo en la práctica de bienes raíces, sino también en otras áreas. Por ejemplo, ¿cuánto pagaría por 5 galones/20 litros de gasolina si su auto se quedara sin combustible a las puertas de la gasolinera? ¿Cuánto pagaría por esos mismos cinco galones si su auto se quedara sin combustible a 50 millas/80 kilómetros de la gasolinera, en una fría madrugada de febrero? ¿El "valor" del combustible cambió para el propietario de la estación de servicio? ¿Cambió para usted?

O, ¿qué tal el valor de una casa de 2,500 pies cuadrados **(231 m²)**, con cuatro recámaras, que se compró cuando la electricidad era barata y los niños vivían en casa, en comparación con esa misma casa hoy día, cuando todos los hijos se han casado, ambos esposos carecen de buena salud, están retirados y la electricidad es cara? ¿El valor todavía es similar para los propietarios? ¿Reciben éstos actualmente los mismos beneficios de propiedad que alguna vez tuvieron?

Por lo general, no es posible obtener los valores exactos de las propiedades. En el campo de los bienes raíces, se usan varios métodos para estimar el valor de la propiedad. Tradicionalmente, un bien raíz se valúa por medio de tres técnicas: el *avalúo por comparación de mercado* (también conocido como *avalúo de datos del mercado*), el *cálculo de costos* y la *técnica de capitalización por ingresos*.

El *avalúo por comparación de mercado* se usa para estimar el valor de un lote de bien raíz al

- comparar el bien raíz determinado con propiedades comparables (o similares) en la colonia modelo, y
- hacer ajustes monetarios para cada precio de venta comparable con las diferencias significativas entre la propiedad comparable y la modelo.

A   B

Por ejemplo, si la Casa *A* se estima por medio del cálculo de comparación de mercado para su valor, el valuador encuentra una casa comparable, por ejemplo, la Casa *B*, que se vendió a $56,000. Al comparar las dos, la única diferencia importante entre las casas puede ser que la Casa *B* tiene cochera, con valor de $4,000, mientras que la Casa *A* no tiene. Por tanto, los $4,000 se deben restar del precio de venta de la Casa *B* para llegar al avalúo por la técnica de comparación de mercado de la Casa *A*, que es $52,000.

Al estimar el valor por medio del *cálculo de costos*, el valuador

- estimará el costo de reponer los edificios en el terreno a precios actuales;
- restará la cantidad estimada de depreciación acumulada del costo de los edificios;
- estimará el valor del terreno; y
- agregará el valor del terreno al valor depreciado del edificio para llegar al valor real de la propiedad.

El *avalúo de capitalización por ingresos* se usa para estimar el valor de una propiedad sobre la base de los ingresos que produce. Se calcula

- restando los gastos de operación del ingreso bruto de la propiedad para determinar el ingreso neto de operación, y
- dividiendo el ingreso neto de operación entre una *tasa de capitalización*, la cual se estima para representar la relación correcta entre el valor de esa propiedad y el ingreso neto de operación que produce.

Valor en el mercado

El valor en el mercado es un estimado del precio más probable al que se ofrecería una propiedad si se pusiera en venta en el mercado abierto. Se permite un tiempo razonable para encontrar un comprador que tenga conocimiento de todos los usos y propósitos para los que se adaptó la propiedad y para lo que se puede usar.

Avalúo de comparación de mercado

El avalúo de comparación de mercado es el método usado con mayor frecuencia para estimar el valor de propiedades residenciales. Muchos agentes de ventas no usan los otros dos planteamientos para valuar porque ellos por lo general proporcionan las opiniones de precios del corredor, mas no las estimaciones.

Ser miembro de un servicio de bolsa inmobiliaria (MLS) con información confiable y actualizada simplifica de manera significativa el uso del avalúo de comparación de mercado. Por ejemplo, si un agente vendedor sólo puede encontrar *una* casa similar, o comparable, como se muestra en el ejemplo anterior, el estimado del valor de la Casa *A* depende completamente de la información obtenida de la venta de la Casa *B* y las similitudes entre las dos. Sin embargo, si un agente vendedor revisa una lista de propiedades similares y selecciona tres o cuatro de las más similares a la casa modelo, el estimado del valor del agente de ventas será mucho más exacto. La base de datos más grande proporciona mejores estadísticas.

Al seleccionar casas similares o comparables, un agente vendedor debe tener mucho cuidado en considerar lo siguiente:

- Ventas o concesiones financieras
- Fecha de venta/hora
- Ubicación
- Calidad de construcción
- Edad
- Condición
- Comodidades y características
- Medida en pies o metros cuadrados
- Tamaño del lote
- Estilo o tipo de casa
- Cualquier característica inusual, como una cochera cubierta que ahora se usa como recámara o el tamaño de un modelo en particular comparado con el resto de la colonia.

Sin datos impresos proporcionados por un archivo de estimaciones o un MLS, un avalúo de comparación de mercado sería mucho más difícil y subjetivo en lugar de objetivo. La mayoría de las oficinas de bienes raíces también tienen formas o programas de computadora que usan para acumular datos en listados actuales de las casas similares que han vendido. Hoy día las casas similares en el mercado tienden a establecer el valor máximo de la propiedad que se estima. Más aún, estas comparaciones permiten a los propietarios reconocer a la competencia antes de dar su casa en exclusiva o poner en el mercado su propiedad.

Las fechas de venta de casas similares y la información respecto a cómo se financiaron también influyen de manera importante en los valores ajustados de las casas. Debido a que el mercado cambia, es más preciso usar las ventas más recientes. Por ejemplo, durante un periodo de expansión económica rápida, los valores de las casas pueden aumentar, o tener una plusvalía, en cantidades grandes. La inflación ciertamente afecta y los precios a veces aumentan de manera dramática. Al considerar la fecha de venta, un agente vendedor puede determinar un precio de venta comparativo usando la tasa de estimación actual dentro de un mercado en particular.

Las cifras de ventas anteriores se deben ajustar especialmente para permitir el lapso de tiempo desde las ventas. Cuando se realiza un ajuste para la fecha de venta, se utiliza un método similar para calcular el interés simple. Por ejemplo, si elige 6% al año como su factor de ajuste de estimación (es decir, la cantidad que estima que ha ganado en valor el bien raíz debido a la inflación y otras causas), puede reducirlo a un factor mensual de 0.5% (.06 ÷ 12 = .005 ó 0.5%). El factor mensual después se puede multiplicar por el número de meses que han transcurrido a partir de la venta que está valuando.

1. Si los precios de vivienda se estiman a una tasa del 8% al año, ¿cuál sería el valor ajustado de una casa que se vendió en $53,000 hace tres años? (Cifra redondeada.)

El tipo de financiamiento usado en cada venta afecta la cantidad neta recibida por el vendedor y esto tiene un efecto indirecto en el precio de venta probable de la casa. Por ejemplo, algunos compradores pueden pagar una casa en efectivo. Este tipo de venta tiende a ser la más confiable debido a que el financiamiento no tiene papel alguno. Otro vendedor con un préstamo asumible a una tasa de interés baja del mercado podría obtener un precio más alto por su casa. Otro vendedor podría pagar costos por préstamos muy altos para vender, lo que da como resultado que reciba un precio neto mucho más bajo. En este caso, algunos de los costos elevados por préstamos podrían incluirse en el precio de venta. Por tanto, tales costos deben restarse del precio de venta para eliminar este efecto de financiamiento. Otro vendedor más podría tener una razón tan apremiante para vender que transferirá un segundo pagaré de obligación a una tasa de interés inferior a la del mercado. Si cada una de las ventas anteriores incluyó modelos similares en la misma subdivisión dentro de un periodo de tiempo corto, los precios de venta podrían variar considerablemente dependiendo del tipo de financiamiento. Los valuadores obtienen estos datos de varias fuentes, incluyendo la membresía a MLS y la verificación del vendedor o comprador o de un corredor involucrado en la venta.

La Tabla 7.1 muestra un formato útil para la recopilación de datos concernientes a la venta de casas que son similares y se localizan cerca de la casa modelo. Esto permite al usuario ajustar los precios de venta por las diferencias en elementos extra, fecha de venta y método de financiamiento. Para este ejercicio, use una tasa de plusvalía del 6% al año ó 0.5% al mes. (**Nota:** El uso de un factor para la plusvalía o depreciación depende de muchas variables, como las condiciones económicas prevalecientes, ubicación geográfica de la propiedad, etc. Por tanto, debe tener *cuidado* al usar un factor así.) Después de que lea la explicación de la tabla, llene las cantidades que faltan, tomando en cuenta la plusvalía y el financiamiento.

En la Tabla 7.1, el primer ajuste es por "elementos extra". Para la Casa 1, reste $10,000 de la alberca, ya que la casa modelo no tiene una. Esto da un estimado del precio de venta para una casa que, al igual que la casa modelo, no tiene alberca.

$70,000 precio de venta real de la Casa 1
– 10,000 valor estimado de la alberca
$60,000 precio de la Casa 1 ajustado por la alberca

Tabla 7.1

Casa	Edad	Recámaras	Elementos extra	Precio de venta	Fecha de venta	Precio ajustado	Cómo se financió	Ajuste final	Tamaño	$ por pie² o m²
1	5 años	3-2-2	Chimenea Alberca <$10,000>	$70,000 <$10,000> $60,000	1-1-96	$63,300	Efectivo	$63,300	1,500 pies² 139 m²	$42.20 $455.39
2	4 años	3-2-2	Sin chimenea + $1,000	$63,000 + $1,000 $64,000	12-1-96	$64,000	Capital <$1,000>	$63,000	1,480 pies² 137 m²	$42.57 $459.85
3	5 años	3-2-2	Chimenea	$62,000	6-1-96		FHA <$1,800>		1,460 pies² 135 m²	
4*	5 años	3-2-2	Chimenea	$61,000	8-1-96		Capital + 2do. + $1,000		1,500 pies² 139 m²	
Modelo	4 años	3-2-2	Chimenea		Fecha Actual 12-1-96				1,490 pies² 138 m²	

* Esta casa se vendió después de un embargo y el vendedor acordó devolver un segundo pagaré de obligación por una cantidad grande.

Después ajuste el precio de la Casa 1 por la fecha de venta. Use un factor de plusvalía del 6% al año (ó 0.5% al mes) para la cuenta del tiempo transcurrido entre las fechas de venta.

$60,000 x .005 = estimación mensual de $300

$300 x 11 meses = estimación total de $3,300

$60,000 + $3,300 = precio ajustado de $63,300

Como ésta fue una venta en efectivo, no se realizó ningún ajuste de financiamiento, así que el ajuste final deja el precio en $63,300.

Esta casa tiene 1,500 pies cuadrados de (**139 m²**) área de habitaciones (excluyendo cocheras y terrazas abiertas), de modo que:

$63,300 ÷ 1,500 pies cuadrados = $42.20 por pie cuadrado
$63,300 ÷ **139 metros cuadrados** = $455.39 por metro cuadrado

El procedimiento es el mismo para la Casa 2. Primero sume $1,000 por una chimenea porque todas las casas similares, incluyendo la modelo, tienen una. Esto da como resultado un precio de venta ajustado de $64,000. La fecha de venta es actual, así que no se necesita un ajuste por la fecha de venta. Sin embargo, la casa se puede vender en $1,000 más debido al préstamo de interés bajo asumido. Por tanto, ajuste hacia abajo por estos $1,000 a $63,300. La casa tiene 1,480 pies o **137 metros cuadrados** de área de habitaciones, lo que rinde una proporción de $42.57 por pie o **$459.85** por **metro cuadrado**:

$63,000 ÷ 1,480 pies cuadrados = $42.57 por pie cuadrado
$63,000 ÷ **137 metros cuadrados** = $459.85 por metro cuadrado

2. Ahora llene los datos que faltan para las Casas 3 y 4 en la Tabla 7.1.

Coteje sus respuestas con la tabla completa de la clave de respuestas. Estos números le pueden ayudar a estimar un valor para la casa sometida a prueba. Muchos concesionarios de bienes raíces calculan un promedio numérico del precio de venta ajustada por pie o metro cuadrado para las comparables y usan ese promedio como el valor por pie o metro cuadrado de la propiedad modelo. El valor promedio se multiplica por los pies o metros cuadrados totales para estimar el valor de la casa modelo. Este método es aceptable, ya que el cálculo final representa un *estimado* del valor, no un avalúo.

Para calcular un promedio, sume los valores individuales, luego divida entre el número de valores que sumó.

Ejemplo: Para calcular el promedio de un conjunto de números — como 12, 17, 23 y 14.2 —, primero súmelos:

$$12 + 17 + 23 + 14.2 = 66.2$$

Se están promediando cuatro valores, así que divida entre 4.

$$66.2 \div 4 = 16.55$$

Por tanto, el promedio de los cuatro valores es 16.55.

El siguiente paso para estimar el valor de la casa modelo sería tomar el valor promedio por pie o metro cuadrado y multiplicarlo por el número de pies o metros cuadrados de la casa modelo, para llegar al valor o precio total estimado. Por favor observe que un valuador profesional probablemente use un método más sofisticado para obtener el valor por pie o metro cuadrado de la casa modelo. Al multiplicar este valor por el pietaje cuadrado de la casa modelo daría al valuador un estimado diferente del valor de la casa modelo.

Formas

La forma simple que usó para acumular los datos muestra cómo la fecha de venta y el financiamiento afectan la exactitud de los datos. En ocasiones en que la estimación o inflación es mayor, el precio de venta *debe* ajustarse para reflejar la fecha de venta de cada propiedad comparable.

Por favor observe que este capítulo describe la estimación del valor en el mercado por parte de un agente de ventas en lugar del avalúo de una propiedad por parte de un profesional. Existe una diferencia importante.

Cálculo de costos

El *cálculo de costos* se puede expresar como una fórmula:

Costo de reposición del edificio – Depreciación + Valor del terreno = Valor estimado de la propiedad

El *costo de reposición del edificio* es la cantidad de dinero que se requeriría para construir hoy día un edificio comparable. Observe que esto daría como resultado un edificio nuevo. Si el edificio modelo no es nuevo, se debe tomar en consideración la depreciación.

La *depreciación* representa la diferencia (pérdida) en el valor entre un edificio nuevo del mismo tipo que el modelo (reposición) y uno en la condición actual de la estructura que se está estimando. Cuando se usa la depreciación para calcular una estimación, incluye el desgaste real de una mejora con base en su edad real y comparada con su vida económica restante proyectada. Existen tres tipos de depreciación que se aplican aquí: deterioro físico, desuso funcional y desuso externo.

El *valor del terreno* representa el valor en el mercado del terreno solo. No incluye el valor de las mejoras. El valor del terreno se obtiene por medio de un análisis de ventas del terreno comparable en el área general. *Se calcula por separado porque el terreno no se deprecia.*

El *deterioro físico* se puede definir como el desgaste físico de una estructura.

Ejemplos: Un edificio que necesita un techo nuevo.
Pintura desprendida y ventanas rotas.
Un sistema de calefacción descompuesto.

El desuso funcional ocurre como resultado de un esquema no deseado o un diseño obsoleto.

Ejemplos: Una casa de dos pisos, con cinco recámaras y un solo baño que se encuentra en el primer piso.

Una casa con un sistema de calefacción a base de carbón.

Una casa con alfombra multicolor de pelo largo y aparatos domésticos verde aguacate.

Una casa sin lavadora de platos ni trituradora de basura, en una colonia donde todas las demás las tienen.

El desuso externo (económico y/o ambiental) incluye una pérdida de valor por causas ajenas a la propiedad misma.

Ejemplos: Pérdida del valor debido a una carretera nueva situada junto a la propiedad (basura y ruido).

Un taller mecánico, una escuela primaria o un restaurante de comida para llevar situados enfrente de un hotel de departamentos diseñado para jubilados.

Exceso de impuestos, cambios de uso de suelo, cercanía a molestias e innovaciones en el uso de suelo.

Ahora use la fórmula del cálculo de costos para llegar a un estimado del valor para el bien raíz descrito en los problemas 3 a 6.

3. Un valuador estima el valor de un pedazo de tierra a $20,000 y el costo de reposición del edificio en ese terreno a $90,000. La depreciación se ha calculado en $10,000. ¿Cuál es el valor estimado del bien raíz?

El costo de reposición estimado de un edificio con frecuencia se da por pie cuadrado o pie cúbico.

4. Una casa tiene un área total de piso terminado de 1,450 pies cuadrados. El señor Navarro estimó el edificio y su costo de reposición en $36 por pie cuadrado.
En el sistema métrico: superficie **134** metros cuadrados y costo de reposición, **$389.50** por metro cuadrado.
   a) ¿Cuál es el costo estimado de reposición del edificio?
   b) Si el valor del terreno es de $18,500 y la depreciación es de $5,200, ¿cuál es el valor estimado del bien raíz?

5. La casa del señor Velázquez es de 24 por 37 pies, con una sala terminada que mide 15 por 20 pies. Un valuador estimó el costo de reposición a $35.25 por pie, el valor del terreno a $14,000 y la depreciación a $8,400. ¿Cuál es el valor estimado del bien raíz?
En el sistema métrico: la casa es de **8** por **12.30** metros. La sala mide **5 x 6.60** metros. Costo de reposición, **$380.70** por metro cuadrado.

6. Calcule el valor estimado del bien raíz ilustrado a continuación. Un valuador le acaba de decir que el costo de reposición es de $2.25 por pie cúbico, la depreciación es de $10,800 y el valor del terreno es de $15,500. Redondee la cifra resultante.
En el sistema métrico: costo de reposición, **$62.77** por metro cúbico.

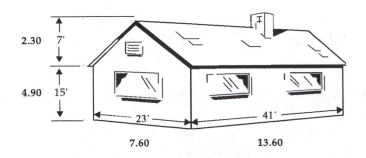

Cálculo de la depreciación

La *depreciación* es la pérdida de valor sufrido por un edificio. Es la diferencia entre un edificio existente y un edificio nuevo de especificaciones similares.

Método linear: El *método linear* (también conocido como el método de vida económica) de la depreciación exhibe la depreciación total sobre la vida útil de un edificio en cantidades anuales iguales, usando la siguiente fórmula:

$$\frac{\text{Costo de reposición}}{\text{Años de vida útil}} = \text{Cargo anual de depreciación}$$

Un edificio con frecuencia se convierte en inservible a causa del desuso externo o funcional en lugar del deterioro físico. Por esta razón, los valuadores a menudo se refieren a la vida útil del bien raíz como la "vida económica estimada". Observe que la "vida útil", "vida económica" y "vida real" del edificio rara vez son las mismas.

Un valuador estima la vida económica restante de una propiedad después de considerar los factores físicos, funcionales y externos.

Ejemplo: Un valuador estimó el costo de reposición de un edificio en $100,000. El edificio tiene diez años de antigüedad y tiene una vida útil estimada de 50 años. ¿Cuál es el cargo de depreciación anual? ¿Cuál es la depreciación total para diez años? ¿Cuál es el valor actual del edificio?

Paso 1. Calcule el cargo de depreciación anual.

$$\frac{\text{Costo de reposición}}{\text{Años de vida útil}} = \text{Cargo de depreciación anual}$$

$$\frac{\$100,000}{50} = \$2,000$$

Paso 2. Encuentre la cantidad de depreciación durante diez años.

| Cargo de depreciación anual | x | Número de años | = Depreciación total |

$$\$2,000 \times 10 = \$20,000$$

Paso 3. Encuentre el valor actual de los edificios.

| Costo de reposición − Depreciación = Valor actual del edificio |

$$\$100,000 - \$20,000 = \$80,000$$

7. Si el edificio del ejemplo anterior tenía 30 años de antigüedad, ¿cuál sería su valor actual?

8. Si el edificio del ejemplo originalmente costó $75,000, ¿cuál sería el valor estimado actual de la propiedad?

La depreciación también se puede expresar como un *porcentaje* o una *tasa*. Para encontrar la tasa de depreciación por medio del método linear, divida el valor total (100%) entre los años de vida útil estimados del edificio.

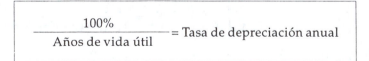

Ejemplo: Si un edificio tiene una vida útil de 25 años, $\frac{1}{25}$ del valor del edificio se deprecia en un año. Es decir, el edificio se deprecia a una tasa del 4% al año.

$$\frac{100\%}{\text{Años de vida útil}} = \text{Tasa de depreciación anual}$$

$$\frac{100\%}{25} = 4\%$$

9. El costo de reposición de un edificio se estimó en $115,000 y el edificio tiene una vida útil estimada de 50 años. El edificio tiene nueve años de antigüedad.

a) ¿Cuál es la tasa de depreciación anual?
b) ¿Cuál es la cantidad total de depreciación que el valuador puede descontar?

Cálculo de capitalización por ingresos

El *cálculo de capitalización por ingresos* es una técnica usada para estimar el bien raíz que produce ingresos. Es un método de estimación del valor de una propiedad dividiendo los ingresos netos anuales de operación (INO: ingresos brutos menos gastos) que produce la propiedad por medio de la tasa de capitalización deseada.

Los ingresos netos de operación se encuentran al desarrollar una declaración de operación, usando cantidades anuales por cada línea de elementos.

Observe que en el cálculo de capitalización por ingresos, los gastos no incluyen pagos de capital e interés en ningún pagaré. Hacerlo así distorsionaría los datos, ya que las propiedades están sin deudas. Por tanto, el neto restante después de restarse los gastos debe ser suficiente para mantener cualquier deuda (realizar los pagos). De lo contrario, ocurre un flujo de caja negativo. Finalmente, observe que los términos *ingresos netos anuales, flujo de caja, ingresos netos disponibles* e *ingresos gravables* no son sinónimos. Sin embargo, la discusión detallada de cada uno está fuera del alcance de este texto.

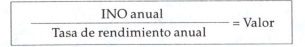

$$\frac{\text{INO anual}}{\text{Tasa de rendimiento anual}} = \text{Valor}$$

Declaración anual de operaciones

Ingresos brutos potenciales
(Ingresos de Renta con una ocupación del 100%)

Menos: **Descuento por desocupación y pérdida del crédito**
(Reducción por espacio no rentado y rentas sin cobrar)

Más: **Otros ingresos**
(Monedas de la lavandería, ingresos de máquinas despachadoras, cuotas, cargos de estacionamiento, etcétera.)

igual a

Ingresos brutos efectivos

Menos: **Gastos anuales de operación**
(Los costos ordinarios y necesarios para mantener la propiedad abierta y en operación)
1. **Gastos fijos**: impuestos sobre bienes raíces, seguros, etcétera.
(No están sujetos a la ocupación.)
2. **Gastos variables**: mantenimiento, servicios proporcionados por el propietario, etcétera.
(Elementos que aumentan o disminuyen con los niveles elevados o reducidos de ocupación.)
3. **Reservas para reposiciones**: aparatos domésticos, alfombra, etcétera.

igual a

Ingresos netos de operación

(El ingreso disponible para la propiedad después de que se pagaron todos los gastos de operación.)

¿La fórmula parece conocida? En realidad es la misma que se usó en capítulos anteriores:

$$\frac{\text{INO anual}}{\text{Tasa de capitalización general (tasa)}} = \text{Valor (total)}$$

Ejemplo: ¿Cuál es el valor estimado de un edificio de departamentos que se espera produzca un INO anual de $14,000? Un valuador estima que el 10% es una tasa de capitalización adecuada para las propiedades comparables. Este porcentaje es la tasa de rendimiento exigida por un inversionista, pero está sujeto a limitaciones fuera del alcance de este texto. (Por ejemplo, ignora las fluctuaciones en los ingresos proyectados.)

Al insertar las cifras correctas en la fórmula, obtiene:

```
    INO  ÷  Tasa  =  Valor
$14,000  ÷  10%   =  ?
$14,000  ÷  .10   =  $140,000
```

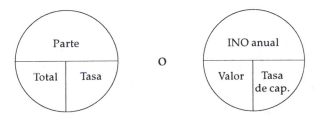

10. Complete las siguientes ecuaciones. Recuerde, *total* es igual a *valor*, *parte* es igual a *INO* y tasa significa *tasa de capitalización general*.

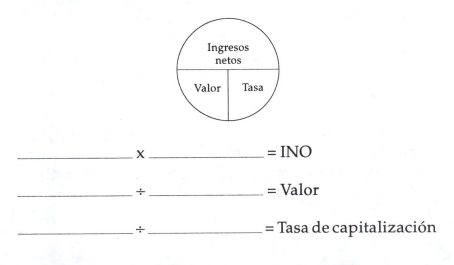

_____ x _____ = INO

_____ ÷ _____ = Valor

_____ ÷ _____ = Tasa de capitalización

11. Si usted tenía $120,000 para invertir y quería el 10% de rendimiento en su inversión, ¿qué ingreso neto tendría que producir una propiedad para cumplir con su rendimiento requerido?

a) Primero llene las partes que conoce de la ecuación.

valor =   tasa =   ingresos =

b) Formule de nuevo el problema.

c) ¿Qué fórmula usará?

d) Resuelva el problema.

12. Un edificio de departamentos gana un INO de $10,000 al año. ¿Qué precio pagaría un comprador por la propiedad si la tasa de capitalización es de 10%?

a) Formule de nuevo el problema.

b) ¿Qué fórmula usará?

c) Resuelva el problema.

13. Un comprador compró un lote de bien raíz comercial en $320,000 y quiere una tasa de capitalización del 12%. ¿Qué INO anual espera?

a) Formule de nuevo el problema.

b) ¿Qué fórmula usará?

c) Resuelva el problema.

14. Los ingresos brutos efectivos de un edificio de departamentos son de $27,500 y el total de gastos anuales de $14,000. Si el propietario espera obtener un rendimiento del 9% en su inversión, ¿cuál es el valor indicado de la propiedad? Recuerde: ingresos netos efectivos menos gastos = INO.

Un pequeño cambio en la tasa de rendimiento, o tasa de capitalización, provoca una gran diferencia en el valor. Por tanto, de nuevo, recuerde la importancia de los estimados en *todos* los métodos usados en el avalúo, o estimación del valor, del bien raíz.

Multiplicadores de Rentas Brutas (MRBs)

El cálculo de capitalización por ingresos se usa para propiedades que producen ingresos. Las propiedades residenciales a veces se valúan usando un multiplicador de rentas brutas (MRB) que puede ser mensual o anual.

Para llegar a un multiplicador, hay que buscar en el mercado casas que se vendieron recientemente y que tenían arrendatarios que ocupaban las propiedades en el momento de la venta.

Divida cada precio de venta entre la renta bruta para encontrar el MRB. Multiplique la renta bruta de la propiedad sometida por el MRB para encontrar el valor indicado de la propiedad modelo.

Ejemplo: Una casa que se rentaba en $500 al mes recientemente se vendió en $60,000. Para encontrar el MRB mensual:

precio de venta de $60,000 ÷ renta bruta mensual de $500 = 120 de MRB mensual

Para encontrar el MRB anual:

renta bruta mensual de $500 x 12 meses = MRB anual de $6,000
precio de venta de $60,000 ÷ renta bruta anual de $6,000 = 10 MRB anual

La casa sometida a prueba se renta en $625 al mes. Encuentre su valor indicado.

Use el MRB mensual:

renta bruta mensual de $625 x 120 MRB mensual = valor indicado de $75,000

Use el MRB anual:

renta bruta mensual de $625 x 12 meses = renta bruta anual de $7,500
renta bruta anual de $7,500 x 10 MRB anual = valor indicado de $75,000

Conciliación de datos

Después de que un valuador terminó de recopilar los datos y calcular los valores con base en los tres métodos (o cálculos para valuar), se debe tomar una determinación respecto a qué método es el más válido para esa estimación específica. Esto incluye la conciliación de datos y una comparación de los diversos valores. Es importante observar que la conciliación de datos *no* es el promedio de los datos. Estas operaciones de conciliación no se contemplan en este texto.

Resumen

En resumen, cada uno de los tres cálculos para valorar se deben usar en un tipo de propiedad adecuado. A continuación se presenta una lista general de tipos de propiedades a disposición para las distintas técnicas o métodos:

- Técnica de comparación de mercado
  a) Familia sola, casas ocupadas por propietarios, incluyendo condóminos
  b) Lotes vacantes
  c) Propiedad vacacional o propiedad de recreación
- Cálculo de costos: Todo tipo de propiedades con edificios y otras mejoras construidas a partir de entonces; especialmente adecuadas a edificios nuevos y propiedades de uso especial.
- Cálculo de capitalización por ingresos: Propiedades que producen rentas o ingresos

Problemas para práctica adicional

Después de resolver estos problemas, cotéjelos con los que se encuentran al final del capítulo. Si le falta alguno, repase lo leído antes de pasar al capítulo 8.

1. Un edificio, de 100 pies o metros por 250 por 20 pies o metros, tiene un costo de reposición de $1.50 por pie o metro cúbico. El terreno está valuado en $150,000 y la depreciación del edificio se estimó en $75,000. ¿Cuál es el valor de esta propiedad por medio del cálculo de costos para valorar?

   a) $907,500   b) $825,000   c) $900,000   d) $675,000

2. Una propiedad valuada en $100,000 produce ingresos netos de operación de $12,000 al año. ¿Cuál es la tasa de capitalización general para esta propiedad?

   a) 12%   b) 11.5%   c) 13.6%   d) 10%

3. Al deducir el valor por medio del cálculo de costos, el valuador estimó la vida económica restante, o años de vida útil, de un edificio en 40 años. El costo de reposición del edificio se estimó en $170,000 y su antigüedad es de ocho años. El valor actual del edificio es de

   a) $136,000   b) $164,687   c) $127,000   d) $170,000

4. En el avalúo de un edificio comercial de siete pisos, el valuador estimó que el costo de reposición por pie o metro cuadrado es de $27. Si el edificio es de 92 pies o metros de ancho y 117 de profundidad, el costo de reposición se estimó en

   a) $1,729.483   c) $2,034,396
   b) $1,979,845   d) $290,628

5. Un valuador estimó que los ingresos netos anuales de operación de un edificio comercial son de $142,700. Al capitalizarse a una tasa del 10.5%, el valor estimado de la propiedad es de

   a) $1,498,350   c) $1,392,195
   b) $1,427,000   d) $1,359,048

6. Un inmueble de departamentos se estimó en $175,000, usando una tasa de capitalización del 9.5%. Los ingresos netos anuales de operación estimados son de

    a) $17,500   b) $16,625   c) $17,927   d) $18,421

7. ¿Cuál es el valor actual de una casa que originalmente cuesta $35,000 si se estimó al 12%?

    a) $66,250   b) $39,200   c) $78,400   d) $74,200

8. Si la tasa de estimación linear es del 10%, ¿cuál es el valor actual de una casa que se estimó en $40,000 hace cuatro años?

    a) $56,000   b) $53,240   c) $66,667   d) $58,564

9. ¿Cuál es el valor indicado por medio del cálculo de comparación de ventas de una casa de cuatro recámaras, dos baños, cochera para dos carros y alberca? La investigación de mercado indica que una alberca vale $6,000, un baño $2,800 y una cochera para dos carros $5,000 más que una cochera para un auto. Una casa similar de cuatro recámaras y tres baños se vendió recientemente en $127,500. Tenía cochera para un carro y no tenía alberca.

    a) $135,700 b) $121,100 c) $124,700 d) $141,300

10. La propiedad modelo es similar a la propiedad comparable en todo, excepto que no tiene chimenea. La comparable se vendió la semana pasada en $86,700. Su estudio de mercado determina que una chimenea vale $1,200. ¿Cuál es el valor indicado de la propiedad modelo por medio del cálculo de comparación de mercado?

    a) $86,700   b) $87,900   c) $85,500   d) $87,000

Clave de respuestas

Soluciones: Ejercicios de calentamiento

1. (b): 40 x 65 = 2,600 pies o metros cuadrados
   10 x 45 = 450 pies o metros cuadrados
   2,600 – 450 = 2,150 pies o metros cuadrados
   2,150 pies o metros cuadrados x $28.50 = $61,275

2. (c): $61,275 – $6,250 + $25,000 = $80,025

3. (b): $25,000 ÷ $175,000 = .14286 ó 14.3%

4. (a): $265,000 x .24 = $63,600

Soluciones: Problemas del capítulo

1. 8% x 3 años = 24%
   24% = .24
   $53,000 x .24 = $12,720
   $53,000 + $12,720 = $65,720

2. Véase la tabla de la siguiente página.

Casa 3:
Usted no necesita realizar ajustes por elementos extra porque la Casa 3 es similar a la casa modelo, pero actualice el precio de venta a 0.5% por mes, dando como resultado $63,860. Como éste era un préstamo FHA nuevo, estime que el vendedor tuvo que pagar $1,800 por los costos de éste. Por tanto, después de que reste dicha cantidad para llegar al precio equivalente en efectivo, el precio final ajustado es de $62,060. La casa tiene 1,460 pies o 135 metros cuadrados de espacio con calefacción y aire acondicionado (excluyendo la cochera y las terrazas cubiertas), por lo que su precio por pie es de $42.51 o $459.10 por metro cuadrado.

Casa 4:
De nuevo, no necesita realizar ajustes por elementos extra porque la Casa 4 es similar a la casa modelo, pero debe tomar en cuenta el lapso de tiempo desde que se vendió. A 0.5% por mes, esto ajusta el precio de venta a $62,220. Ésta fue una "venta después de embargo" y el vendedor acordó devolver una parte del capital en la forma de un segundo pagaré de obligación. Esto puede afectar el precio

Casa	Edad	Recámaras	Elementos Extra	Precio de venta	Fecha de venta	Precio ajustado	Cómo se financió	Ajuste final	Tamaño	$ por pie² o m²
1	5 años	3-2-2	Chimenea Alberca <$10,000>	$70,000 <$10,000> $60,000	1-1-96	$63,300	Efectivo	$63,300	1,500 pies² 139 m²	$42.20 $455.39
2	4 años	3-2-2	Sin chimenea +$1,000	$63,000 +$1,000 $64,000	12-1-96	$64,000	Capital <$1,000>	$63,000	1,480 pies² 137 m²	$42.57 $459.85
3	5 años	3-2-2	Chimenea	$62,000	6-1-96		FHA <$1,800>		1,460 pies² 135 m²	$42.51 $459.10
4*	5 años	3-2-2	Chimenea	$61,000	8-1-96		Capital +2do. +$1,000		1,500 pies² 139 m²	$42.15 $455.22
Modelo	4 años	3-2-2	Chimenea		Fecha Actual 12-1-96				1,490 pies² 138 m²	

de venta, así que sume $1,000, para un precio ajustado final de $63,220. La casa tiene 1,500 pies o 139 metros cuadrados de área con habitaciones. Esto produce $42.15 como el precio por pie o $455.22 metro cuadrado.

Por favor observe que se realizaron varios estimados en este problema. Deben tener como base la experiencia y el juicio. Recuerde, el avalúo no es una ciencia. Éstas son algunas de las razones que parecen hacerlo más que un arte.

3. $90,000 – $10,000 + $20,000 = $100,000

4. a) 1,450 pies cuadrados x $36 por pie cuadrado = $52,200
   b) $52,200 – $5,200 + $18,500 = $65,500
   a) 134 metros cuadrados x $389.55 por metro cuadrado = $52,200
   b) $52,200 – $5,200 ÷ $18,500 = $65,500

5. Calcule el área.
   $L \times W = A$
   24 x 37 = 888 pies cuadrados
   15 x 20 = 300 pies cuadrados
   888 + 300 = 1,188 pies cuadrados
   8 x 12.30 = 98.40 metros cuadrados
   5 x 6.6 = 33 metros cuadrados
   98.40 + 33 = 131.40 metros cuadrados

   Calcule el siguiente costo de reposición.
   1,188 pies cuadrados x $35.25 = $41,877
   131.40 metros cuadrados x $318.70 = $41,877.18

   Calcule el valor estimado.
   $41,877 – $8,400 + $14,000 = $47,477
   $41,877 – $8,400 + $14,000 = $47,477

6. Calcule el volumen.
   $Volumen_1 = L \times W \times H$
   41 x 23 x 15 = 14,145 pies cúbicos (primer piso)
   13.60 x 7.60 x 490 = 506.46 metros cúbicos
   $Volumen_2 = \frac{1}{2}(b \times h \times w)$
   $\frac{1}{2}(23x\ 7 \times 41) = 3,300.5$ pies cúbicos (segundo piso)
   $\frac{1}{2}(7.60 \times 2.30 \times 13.60) = 118.86$ metros cúbicos
   Volumen total = 14,145 + 3,300.5 = 17,445.5 pies cúbicos
   Volumen total = 625.32 metros cúbicos

Calcule el costo de reposición del edificio.
17,445.5 pies cúbicos x $2.25 = $39,252.38
625.32 x $62.77. = $39,251.33

Calcule el valor estimado.
$39,252.38 – $10,800 + $15,500 = $43,952.38 ó $44,000 (redondeado)
$39,251.33 – $10,800 + $15,500 = $43,951.33 ó $44,000 (redondeados)

7. $2,000 x 30 = $60,000
   $100,000 – $60,000 = $40,000

8. El valor real permanecería igual: $65,000. El valor original del edificio no se considera en esta fórmula, sólo el estimado del valuador de su costo de reposición actual.

9. a) 100% ÷ 50 = .02
   b) .02 x 9 = .18
      .18 x $115,000 = $20,700

10. Valor x Tasa de capitalización = INO
    INO ÷ Tasa de capitalización = Valor
    INO ÷ Valor = Tasa de capitalización

11. a) valor = $120,000 tasa = 10% ingresos = desconocidos (se necesita INO anual)
    b) ¿Cuál es el 10% de $120,000?
    c) Valor x Tasa = INO
    d) $120,000 x .10 = $12,000

12. a) ¿$10,000 es el 10% de qué cantidad?
    b) INO ÷ Tasa = Valor
    c) $10,000 ÷ .10 = $100,000

13. a) ¿Cuál es el 12% de $320,000?
    b) Valor x Tasa = INO
    c) $320,000 x .12 = $38,400

14. a) Primero calcule los ingresos netos.
       $27,500 – $14,000 = $13,500
       Después pregunte, ¿$13,500 es el 9% de qué cantidad? (Use la fórmula INO ÷ Tasa = Valor.)
       $13,500 ÷ .09 = $150,000

Soluciones: Problemas para práctica adicional

1. (b): 100 x 250 x 20 = 500,000 pies o metros cúbicos
500,000 pies o metros cúbicos x $1.50 = $750,000
$750,000 – $75,000 + $150,000 = $825,000

2. (a): $12,000 ÷ $100,000 = .12 ó 12%

3. (a): $170,000 ÷ 40 x 8 = $34,000
$170,000 – $34,000 = $136,000

4. (c): 92' x 117' x 7 x $27 = $2,034,396

5. (d): $142,700 ÷ .105 = $1,359,048

6. (b): $175,000 x .095 = $16,625

7. (b): $35,000 x .12 = $4,200
$35,000 + $4,200 = $39,200

8. (a): .10 x 4 = .40
$40,000 x .40 = $16,000
$40,000 + $16,000 = $56,000

9. (a): $127,500 + $5,000 + $6,000 – $2,800 = $135,700

10. (c): $86,700 – $1,200 = $85,500

Capítulo 8

INTERESES

El interés es el costo (renta pagada) por usar el dinero de alguien. Ese cargo por lo general se expresa como un porcentaje (tasa) de la cantidad de un préstamo (total) que se carga con una base anual. En este capítulo, aprenderá a

- calcular el interés pagado cuando se proporciona el tiempo, la tasa y el capital;
- calcular la cantidad de préstamo de capital cuando se da el tiempo, la tasa y el interés pagado; y
- determinar la tasa de intereses cuando se da el tiempo, el capital y el interés pagado.

Matemáticamente, los problemas sobre intereses son otro tipo de cálculo que utiliza conceptos aprendidos en el capítulo 2:

Total (cantidad del préstamo) x Tasa (tasa de interés *anual*) = Parte ($ de intereses *anuales*)

Parte ($ de intereses *anuales*) ÷ Total (cantidad del préstamo) = Tasa (tasa de interés *anual*)

Parte ($ de intereses *anuales*) ÷ Tasa (tasa de interés *anual)* = Total (cantidad del préstamo)

Ejercicios de calentamiento

1. Un banco emitió un préstamo de $21,000 a un interés simple del 11% por dos años y medio. Si el préstamo se pagó en su totalidad al final de los dos años y medio, ¿cuánto se pagó de intereses al banco?

a) $5,775.00

b) $4,620.00

c) $6,612.53

d) $6,006.43

2. Si un banco desea ganar $6,300 sobre un préstamo de $50,000 en doce meses, ¿qué tasa de intereses tendría que cargar?

a) 11%   b) 12.5%   c) 12%   d) 12.6%

3. Si un banco le presta a María López $15,000 y le carga un interés simple del 8.5%, ¿cuánto le pagará María al banco al final de siete meses para liquidar el préstamo?

a) $743.75

b) $16,275.00

c) $15,743.75

d) $1,275.00

4. Si la cuenta del mercado de valores tiene un saldo de $48,605.36 al final de cuatro años y los intereses estaban calculados a una tasa anual del 6%, ¿qué cantidad depositó originalmente en la cuenta?

a) $42,446   b) $40,425   c) $38,500   d) $45,854

El interés, como se mencionó con anterioridad, es el costo de usar el dinero de alguien. Se requiere que una persona que pide dinero prestado reintegre el préstamo *más* un cargo por intereses. Este cargo dependerá de la cantidad pedida (*capital*), la duración del tiempo en que se usa el dinero (*tiempo*) y el porcentaje de intereses acordados (*tasa*). La reintegración, posteriormente, incluye el *reembolso del capital más un reembolso sobre* el capital, que se llama *interés*.

Una persona que firma un pagaré del 10% de interés por $500 y que se vencerá en un año, tendrá que pagar los intereses de un año (tiempo) al 10% (tasa) sobre los $500 (capital), así como el valor nominal del pagaré mismo ($500).

Las tasas de intereses se expresan como tasas anuales, aunque los intereses se pueden pagar mensualmente. Una tasa de intereses del 10% significa que los intereses que se cargaron anualmente serán el 10% del capital.

Existen dos tipos de intereses: interés simple e interés compuesto. La primera parte de este capítulo tratará sobre el interés simple y la última abarcará el interés compuesto. La mayoría de los préstamos sobre bienes raíces incluyen un interés simple pagado *atrasado* o *después* de que ocurrió el uso del dinero.

Interés simple

La fórmula básica para calcular el interés simple es la siguiente:

Capital (total) x Tasa de interés anual (tasa) =
$ de Interés anual (parte)

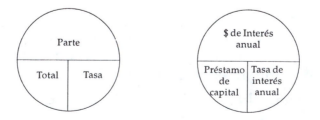

Ejemplo: ¿Cuál es el interés anual ganado por un banco sobre un préstamo de $50,000 a un interés anual del 9%?

$50,000 (total) x .09 (tasa) = $4,500 (parte)

ó

$50,000 (préstamo) x .09 (tasa anual) =
$4,500 (interés anual)

Con frecuencia los préstamos se pagan a intervalos mayores a un año. Si un préstamo se paga al final de varios años, multiplique el monto de dinero del interés anual por el número de años en que se deben los intereses.

Ejemplo: ¿Qué cantidad de interés simple se vencería al final de dos años sobre un préstamo de $25,000 a un interés anual del 11%?

$25,000 (total) x .11 (tasa) = $2,750 (parte)

ó

$25,000 (préstamo) x .11 (tasa anual) =
$2,750 (interés anual)
$2,750 (interés anual) x 2 (años) = $5,500

Los préstamos también se pueden pagar al final de un periodo de tiempo menor a un año. Cuando éste sea el caso, determine una cantidad mensual o diaria de intereses y multiplíquela por el número de meses o días para los que se deben los intereses.

Ejemplo: ¿Qué cantidad de interés simple se debería al final de tres meses sobre un préstamo de $6,000 a un interés anual del 10%?

$6,000 (total) x .10 (tasa) = $600 (parte)

ó

$6,000 (préstamo) x .10 (tasa anual) =
$600 (interés anual)
$600 (interés anual) ÷ 12 meses x 3
(vencimiento de meses) = $150

Usando lo que acaba de aprender, resuelva los siguientes problemas de intereses.

1. Calcule los intereses sobre un préstamo de $1,000 al 10% durante tres años.

2. Encuentre qué cantidad de intereses se pagará sobre un préstamo de $6,000 al 11% durante nueve meses.

3. La señora Juárez pidió $4,000 prestados para pintar su casa y el prestamista cargó un interés del 9.5%. El préstamo se reintegró en tres meses. ¿Qué cantidad se reintegró (el préstamo total más intereses)?

Cuando se conocen dos elementos en la fórmula de interés, se puede calcular el tercero.

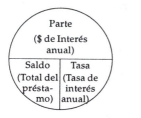

Cantidad del préstamo x Tasa = $ de interés anual

$ de Interés anual ÷ Tasa = Cantidad del préstamo

$ de Interés anual ÷ Cantidad del préstamo = Tasa

Ejemplo: ¿Qué cantidad de dinero se prestó si el prestatario pagó $450 de intereses al final de cuatro meses y se le cargó un interés anual del 9%?

$450 ÷ 4 (meses) x 12 (meses) = $1,350 (interés anual)
$1,350 (parte) ÷ .09 (tasa) = $15,000 (total)

Ejemplo: ¿Qué tasa de interés pagó la prestataria si pidió $23,000 y pagó $2,070 de intereses al final de nueve meses?

$2,070 ÷ 9 (meses) x 12 (meses) = $2,760 (interés anual)
$2,760 (parte) ÷ $23,000 (total) = .12 ó 12% (tasa)

Use lo que acaba de aprender para resolver los siguientes problemas.

4. Si la tasa de interés es del 10% al año, ¿cuánto dinero tendría que prestar para obtener $75 de intereses duránte seis meses?

5. ¿Cuántos meses deben pasar para que $800 produzcan $95 de intereses a una tasa del 9.5%?

6. Juan Morán recibió $750 de intereses sobre un préstamo de $12,000 por seis meses. ¿Qué tasa de interés cargó?

Los pagos de intereses pueden ser anuales (una vez al año), semestrales (dos veces al año), trimestrales (cuatro veces al año) o mensuales (doce veces al año). Para conocer la cantidad del pago de intereses, calcule la cantidad del interés anual, luego divídala entre el número de pagos al año.

Ejemplo: ¿Cuáles serán los pagos trimestres sobre un préstamo de $5,000 al 10.5 al año?

Paso 1. Calcule el interés anual.

$$\$5,000 \times .105 = \$525$$

Paso 2. Divida entre el número de pagos al año.

$$\$525 \div 4 = \$131.25$$

Los pagos de intereses trimestrales serán de $131.25 cada uno.

7. ¿Cuáles serán los pagos de intereses trimestrales para un préstamo de $600,000 con una tasa de interés del $8\frac{7}{8}$%?

8. Si el valor estimado de una casa es de $210,000, ¿cuánto será de los pagos de intereses semestrales sobre un préstamo de $168,000 a un interés del $8\frac{1}{4}$%?

9. Un préstamo tiene una tasa de interés del 8.5% y requiere de pagos semestrales de $637.50. ¿Cuál es la cantidad de capital del préstamo?

10. Un préstamo de $10,000 requiere pagos de intereses trimestrales de $250. ¿Cuál es la tasa de interés del préstamo?

Interés compuesto

El término *interés compuesto* significa que el interés se agrega periódicamente al capital, con el resultado de que el saldo nuevo (capital más interés) cobra intereses. La tasa de interés anual se puede calcular en intervalos diferentes, como cada año, cada semestre, cada trimestre, mensual o diariamente. Cuando los intereses se vencen durante el periodo compuesto (por ejemplo, al final del mes), los intereses se calculan y acumulan o se suman al capital. El interés compuesto por lo general se paga con depósitos en bancos de ahorro.

Ejemplo: Considere una cuenta de ahorros con un saldo inicial de $10,000, ganando un interés compuesto del 10% al año. Para determinar cuánto dinero habrá en la cuenta al final de dos años, use los siguientes pasos:

Paso 1. Calcule el interés para el primer periodo de ganancias.

$$\$10,000 \times .10 = \$1,000$$

Paso 2. Sume los intereses del primer periodo al saldo de capital del préstamo.

$$\$10,000 + \$1,000 = \$11,000$$

Paso 3. Calcule el interés para el siguiente periodo de ganancias sobre el nuevo saldo de capital.

$$\$11,000 \times .10 = \$1,100$$

Si quiere combinar periodos adicionales, sólo repita los pasos 2 y 3 las veces que sean necesarias.

El problema del ejemplo pide el saldo al final de dos años.

> $10,000 saldo inicial
> $ 1,000 intereses del primer año
> $11,000 saldo al final del primer año
> $ 1,100 intereses del segundo año
> $12,100 saldo al final del segundo año

El saldo al final del segundo año incluye la cantidad del capital original de $10,000 más el interés compuesto acumulado, calculado anualmente a la tasa del 10%.

Si la cuenta sólo ganara un interés *simple*, el interés se calcularía de la siguiente manera:

$10,000 (capital) x .10 (tasa) = $1,000 (interés anual)
$1,000 x 2 (años) = $2,000

El interés compuesto hace una diferencia de:

$2,100 (interés compuesto) - $2,000 (interés simple) = $100

11. Si tiene un certificado de depósito de $20,000 que gana intereses a la tasa del 4.5% anual, pero el interés se compone mensualmente, ¿cuál será el saldo de su cuenta al final de tres meses?

    Recuerde, el periodo compuesto y la tasa de interés al año (llamada la tasa *nominal*) no tienen que ser lo mismo. Cuando no lo son, primero debe calcular la tasa de interés por *periodo compuesto*. En nuestro problema, esto es:

$$\frac{\text{Tasa: tasa anual del } 4.5\% \text{ ó } .045}{\text{Periodo compuesto: 12 meses}} = \text{tasa mensual de } .00375$$

Ahora, el cálculo sigue como en el ejemplo anterior.

La siguiente tabla compara $10,000 que ganan un interés simple y la misma cantidad que gana un interés compuesto. El término es de cinco años. La tasa de interés anual es del 7%.

	Simple		Compuesto	
	Interés ganado	*Saldo*	*Interés ganado*	*Saldo*
Inicial		$10,000		$10,000
Año 1	$700.00	10,700	$700.00	10,700
Año 2	700.00	11,400	749.00	11,449
Año 3	700.00	12,100	801.43	12,250.43
Año 4	700.00	12,800	857.53	13,107.96
Año 5	700.00	13,500	917.56	14,025.52
Total	$3,500.00		$4,025.52	

El *interés simple* se calcula sólo sobre el capital. El *interés compuesto* se calcula sobre el capital más el interés acumulado.

Problemas para práctica adicional

Cuando haya terminado estos problemas, revise sus respuestas al final del capítulo. Si le falta alguno, repase lo leído antes de pasar al capítulo 9.

1. ¿Cuántos meses tardarán $15,000 en producir $1,125 a un interés del 10%?

   a) 12   b) 15   c) 9   d) 8

2. La señora Aguirre cargó $1,295 sobre un préstamo de $14,000 a un año. ¿Cuál fue la tasa de interés?

   a) $9\frac{1}{4}\%$ b) 9%   c) $9\frac{3}{4}\%$ d) $9\frac{7}{8}\%$

3. ¿Cuáles serán los pagos de intereses trimestrales sobre un préstamo de $16,500 a un interés del 11.5% para un año?

a) $632.50   b) $474.38   c) $790.63   d) $453.75

4. María Domínguez invirtió $12,000 a una tasa de interés compuesta anual de 6% por mes. ¿Cuál es el saldo en su cuenta al final de ocho meses?

a) $12,180.00   c) $12,488.49
b) $12,480.00   d) $12,364.53

5. El propietario de una casa pidió $1,500 prestados a un prestamista a un interés del 11%. Cuando este préstamo se liquide al final de siete meses, el total pagado será de

a) $1,500.00   b) $83.13   c) $1,596.25   d) $1,642.50

6. Una pareja gastó $1,200 en muebles en una tienda departamental, cargándolos a su tarjeta de crédito. Estuvieron fuera de la ciudad y no pagaron su cuenta en la fecha de vencimiento. Al siguiente mes, la cuenta mostró un cargo financiero de $18 a los $1,200. ¿Cuál fue la tasa de interés usada para calcular el cargo financiero?

a) 6%   b) 12%   c) 18%   d) 24%

7. Un banco emitió un préstamo de $20,000 a un interés simple del 11% durante cuatro años y medio. Si el préstamo se pagó en su totalidad al final de los cuatro años y medio, ¿cuánto dinero recibió el banco?

a) $8,550   b) $29,900   c) $21,900   d) $11,450

8. Si un banco desea ganar $9,000 sobre un préstamo de $20,000 en cuatro años y medio, ¿qué tasa de interés simple tendría que cargar?

a) 9%   b) 45%   c) 10%   d) 12.2%

9. Si se realiza un pago de intereses de $150 cada tres meses sobre un préstamo de $5,000, ¿cuál es la tasa de interés?

a) 6%   b) 12%   c) 3%   d) 9%

10. Se otorga un préstamo por el 80% del valor estimado de una casa. Si el interés sobre el préstamo es de $12,500 semestrales a una tasa anual del 10%, ¿cuál es el valor estimado de la casa?

a) $500,000   c) $400,000

b) $625,000   d) $312,500

Clave de respuestas

Soluciones: Ejercicios de calentamiento

1. (a): $21,000 x .11 = $2,310
$2,310 x 2.5 = $5,775

2. (d): $6,300 ÷ $50,000 = .126 ó 12.6%

3. (a): $15,000 x .085 = $1,275
$1,275 ÷ 12 x 7 = $743.75

4. (c): $48,605.36 ÷ 1.06 ÷ 1.06 ÷ 1.06 ÷ 1.06 = $38,500 (redondeado)

Soluciones: Problemas del capítulo

1. $1,000 x .10 = $100
$100 x 3 = $300

2. $6,000 x .11 = $660
$660 ÷ 12 x 9 = $495

3. $4,000 x .095 = $380
$380 ÷ 12 x 3 = $95 (redondeado)
$4,000 + $95 = $4,095

4. $75 ÷ 6 x 12 = $150
$150 (parte) ÷ .10 (tasa) = $1,500 (total)

5. $800 x .095 = $76
$95 ÷ $76 = 1.25
1.25 x 12 = 15

6. $750 ÷ 6 x 12 = $1,500

$1,500 (parte) ÷ $12,000 (total) = .125 ó 12.5% (tasa)

7. $600,000 (total) x .08875 (tasa) = $53,250 (parte)

$53,250.00 ÷ 12 x 3 = $13,312.50

ó

$53,250.00 ÷ 4 = $13,312.50

8. $168,000 (total) x .0825 (tasa) = $13,860 (parte)

$13,860 ÷ 12 x 6 = $6,930

9. $637.50 ÷ 6 x 12 = $1,275

$1,275 (parte) ÷ .085 (tasa) = $15,000 (total)

10. $250 ÷ 3 x 12 = $1,000 (redondeado)

$1,000 (parte) ÷ $10,000 (total) = .10 ó 10% (tasa)

11. .045 ÷ 12 = .00375

$20,000 x 1.00375 x 1.00375 x 1.00375 = $20,225.85 (redondeado)

Soluciones: Problemas para práctica adicional

1. (c): $15,000 x .10 = $1,500

$1,125 ÷ $1,500 = .75

.75 x 12 = 9

2. (a): $1,295 ÷ $14,000 = .0925 ó 9.25%

3. (b): $16,500 x .115 = $1,897.50

$1,897.50 ÷ 12 x 3 = $474.38 (redondeado)

4. (c): .06 ÷ 12 = .005

$12,000 x 1.005 x 1.005 x 1.005 x 1.005 x 1.005 x 1.005 x 1.005 x 1.005 = $12,488.49

5. (c): $1,500 x .11 = $165

$165 ÷ 12 x 7 = $96.25

$96.25 + $1,500 = $1,596.25

6. (c): $18 x 12 = $216

$216 ÷ $1,200 = .18 ó 18%

7. (b): $20,000 x .11 = $2,200

$2,200 x 4.5 = $9,900

$9,900 + $20,000 = $29,900

8. (c): $9,000 ÷ 4.5 = $2,000
$2,000 ÷ $20,000 = .10 ó 10%

9. (b): $150 ÷ 3 x 12 = $600
$600 ÷ $5,000 = .12 ó 12%

10. (d): $12,500 ÷ 6 x 12 = $25,000 (redondeado)
$25,000 ÷ .10 = $250,000
$250,000 ÷ .80 = $312,500

Capítulo 9

Las matemáticas de finanzas de bienes raíces

Las finanzas de bienes raíces representan un área tan crítica del negocio de bienes raíces que todos los cursos y libros de texto se dedican a ellas. El propósito de este capítulo es introducir al lector a algunos de los cálculos más comunes y elementales involucrados en el área de finanzas.

Aquí se hará énfasis en el cálculo de proporciones de cuantificación de préstamos, proporciones préstamo a valor, enganches, cantidades de hipoteca, puntos de descuento del préstamo, primas de seguros hipotecarios, amortización, cuotas de financiamiento y cuotas de obligación. Al terminar este capítulo, usted podrá

- calcular la cantidad de un préstamo;
- calcular un enganche;
- calcular el pago mensual para el pago de un préstamo amortizado;
- calcular puntos;
- calcular el pago de un préstamo amortizado; y
- usar los índices de calificación del prestamista para determinar los ingresos brutos mensuales comprobables que un comprador debe demostrar para calificar y obtener una cantidad de préstamo en particular.

Ejercicios de calentamiento

1. La señorita Martínez puede obtener un préstamo del 90% sobre una casa que se vende en $385,000. Su enganche requerido será de

a) $346,500 b) $77,000   c) $38,500   d) $308,000

2. Lisa y Raúl Jaimes quieren comprar una casa de $135,000 con un préstamo convencional del 95%. El prestamista usa una proporción de calificación del 25% de los ingresos brutos mensuales para el pago de capital e intereses. ¿De cuánto deben ser los ingresos brutos mensuales comprobables de los Jaimes para calificar para un préstamo a 15 años al 9%, que requiere de pagos mensuales de $10.14 por $1,000 de la cantidad del préstamo?

a) $5,201.84 b) $1,300.46 c) $6,502.38   d) $5,475.60

3. El señor Vera puede obtener un préstamo convencional de 30 años al 8.75% sobre el 90%. El préstamo requiere de pagos mensuales sobre capital e intereses de $7.87 por $1,000. Si la prima anual del seguro es de $1,800 y la cuenta de impuestos *ad valorem* anual se calcula en $3.80 por $100 del valor —usando una proporción de evaluación del 53% del valor en el mercado—, ¿cuál será su pago mensual de PITI si compra la casa en $456,000? Véase la definición del índice PITI en la página 162.

a) $10,983.84   c) $9,183.84
b) $3,229.85   d) $4,145.17

4. Nancy Álvarez decidió ofrecer $135,000 por la casa de Juan y María Márquez. El banco le prestará el 80% del precio de compra a 30 años con un interés del 9%. ¿Cuál será la cantidad de su pago sobre capital e intereses si el requisito es de $8.05 mensual por cada $1,000 pedidos?

a) $1,086.75 b) $869.40   c) $2,173.50 d) $1,869.40

Proporción de préstamo a valor

En el financiamiento de bienes raíces, el prestamista por lo general prestará un cierto porcentaje del precio de venta o el valor estimado, *lo que sea menos*. La proporción entre el valor (precio de venta) y la cantidad del préstamo se conoce como *proporción préstamo a valor* (PPV). Posteriormente, el interés se carga sólo sobre la cantidad del préstamo, no sobre el precio de venta.

Ejemplo: precio de venta (valor) de $80,000
préstamo de $72,000

describe una proporción de préstamo a valor del 90%. Así es como funciona:

$$\frac{\$72,000 \text{ préstamo}}{\$80,000 \text{ valor}} = .90, \text{ ó } 90\% \text{ de PPV}$$

1. Si un comprador obtiene un préstamo del 80% sobre una venta de $90,000, ¿cuál es la cantidad del préstamo?

2. Si el préstamo en el problema 1 tiene una tasa de interés del 12%, ¿cuál es la cantidad de intereses a pagar para el primer mes? (Véase el capítulo 8 si necesita ayuda.)

La cantidad de intereses cargados y la cantidad total de dinero a reembolsarse *sólo* se relaciona con la cantidad del préstamo (el capital del préstamo) y no con el precio de venta o valor.

Préstamos amortizados

En el capítulo 8 aprendió a calcular intereses simples. Los préstamos ganan un rendimiento, o utilidad, sobre la cantidad del préstamo de capital. Antes de la década de 1930, el préstamo típico sobre bienes raíces era un *préstamo de término*, que requería que el prestatario pagara únicamente los intereses (al mes, trimestre o año) hasta la fecha de vencimiento, cuando se vencía todo el saldo de capital y era pagadero en su totalidad.

Después de la Gran Depresión, los prestamistas decidieron que era mejor que un prestatario realizara pagos periódicos regulares, con los que, al término del préstamo, liquidaría el adeudo así como pagaría todos los intereses. Esto es lo que se conoce como *préstamo amortizado,* y puede exigir un pago fijo mensual de capital, más los intereses acumulados. En este planteamiento, la cantidad del pago es menor cada mes, ya que la cantidad del capital pendiente disminuye con cada pago mensual. Conocido como *préstamo de reducción directa,* no es usado comúnmente por los prestatarios.

Ejemplo: Se otorgó un préstamo de $90,000 a 15 años con un interés anual del 10%, pagos mensuales de capital de $500 más los intereses acumulados. Los primeros tres pagos serían así:

	Pago total	Capital	Interés	Saldo final
Pago 1	$1,250.00	$500.00	$750.00	$89,500
Pago 2	$1,245.83	$500.00	$745.83	$89,000
Pago 3	$1,241.67	$500.00	$741.67	$88,500

Un planteamiento más común para los préstamos amortizados es establecer un pago mensual *fijo,* que incluya capital e intereses, pero con una cantidad cambiante que se acredite a cada uno.

Ejemplo: Usando el mismo préstamo del ejemplo anterior, pero con una cantidad de pago fijo, los primeros tres pagos serían:

	Pago total	Capital	Interés	Saldo final
Pago 1	$967.15	$217.15	$750.00	$89,782.86
Pago 2	$967.15	$218.96	$748.19	$89,563.90
Pago 3	$967.15	$220.78	$746.37	$89,343.12

Los prestamistas prefieren el segundo planteamiento para los préstamos amortizados porque permite al prestatario calificar para un préstamo más grande, debido a que los pagos iniciales son más pequeños y a que con los préstamos de nivel de pagos se reduce el riesgo.

Para calcular el pago mensual para un préstamo amortizado de nivel de pagos:

- Use una calculadora para finanzas:

  número de pagos = $\boxed{\text{N}}$

  tasa de interés anual ÷ 12 = $\boxed{\text{%I}}$

  cantidad del préstamo = $\boxed{\text{PV}}$

  calcule para $\boxed{\text{PMT}}$

- Consulte un libro de amortización de préstamos.
- Use una tabla de constante de préstamos.
- Use un factor de pago de préstamos de una tabla como la Tabla 9.1.

El cálculo de los pagos para estos préstamos se discutirá con mayor amplitud posteriormente.

Factores de pago de préstamos

La Tabla 9.1 muestra una familia de números conocidos como *factores de pago de préstamos*. Estos factores se basan en un préstamo de $1,000. Por tanto, es necesario dividir la cantidad del préstamo entre 1,000. Para usar estos facto-

TABLA 9.1
FACTORES DE PAGO DE PRÉSTAMOS
Factores de capital e intereses por $1,000 de la cantidad del préstamo
Base: pagos anuales

	PLAZO					PLAZO			
TASA	30 años	25 años	20 años	15 años	TASA	30 años	25 años	20 años	15 años
7.000%	6.65	7.07	7.75	8.99	12.125%	10.38	10.62	11.10	12.08
7.125	6.74	7.15	7.83	9.06	12.250	10.48	10.72	11.19	12.16
7.250	6.82	7.23	7.90	9.13	12.375	10.58	10.81	11.27	12.24
7.375	6.91	7.31	7.98	9.20	12.500	10.67	10.90	11.36	12.33
7.500	6.99	7.39	8.06	9.27	12.625	10.77	11.00	11.45	12.41
7.625	7.08	7.47	8.13	9.34	12.750	10.87	11.09	11.54	12.49
7.750	7.16	7.55	8.21	9.41	12.875	10.96	11.18	11.63	12.57
7.875	7.25	7.64	8.29	9.48	13.000	11.06	11.28	11.72	12.65
8.000	7.34	7.72	8.36	9.56	13.125	11.16	11.37	11.80	12.73
8.125	7.42	7.80	8.44	9.63	13.250	11.26	11.47	11.89	12.82
8.250	7.51	7.83	8.52	9.70	13.375	11.36	11.56	11.98	12.90
8.375	7.60	7.97	8.60	9.77	13.500	11.45	11.66	12.07	12.98
8.500	7.69	8.05	8.68	9.85	13.625	11.55	11.75	12.16	13.07
8.625	7.78	8.14	8.76	9.92	13.750	11.65	11.85	12.25	13.15
8.750	7.87	8.22	8.84	9.99	13.875	11.75	11.94	12.34	13.23
8.875	7.96	8.31	8.92	10.07	14.000	11.85	12.04	12.44	13.32
9.000	8.05	8.39	9.00	10.14	14.125	11.95	12.13	12.53	13.40
9.125	8.14	8.48	9.08	10.22	14.250	12.05	12.23	12.62	13.49
9.250	8.23	8.56	9.16	10.29	14.375	12.15	12.33	12.71	13.57
9.375	8.32	8.65	9.24	10.37	14.500	12.25	12.42	12.80	13.66
9.500	8.41	8.74	9.32	10.44	14.625	12.35	12.52	12.89	13.74
9.625	8.50	8.82	9.40	10.52	14.750	12.44	12.61	12.98	13.83
9.750	8.59	8.91	9.49	10.59	14.875	12.54	12.71	13.08	13.91
9.875	8.68	9.00	9.57	10.67	15.000	12.64	12.81	13.17	14.00
10.000	8.78	9.09	9.65	10.75	15.125	12.74	12.91	13.26	14.08
10.125	8.87	9.18	9.73	10.82	15.250	12.84	13.00	13.35	14.17
10.250	8.96	9.26	9.81	10.90	15.375	12.94	13.10	13.45	14.25
10.375	9.05	9.35	9.90	10.98	15.500	13.05	13.20	13.54	14.34
10.500	9.15	9.44	9.98	11.05	15.625	13.15	13.30	13.63	14.43
10.625	9.24	9.53	10.07	11.13	15.750	13.25	13.39	13.73	14.51
10.750	9.33	9.62	10.15	11.18	15.875	13.35	13.49	13.82	14.60
10.875	9.43	9.71	10.24	11.29	16.000	13.45	13.59	13.91	14.69
11.000	9.52	9.80	10.32	11.37	16.125	13.55	13.69	14.01	14.77
11.125	9.62	9.89	10.41	11.44	16.250	13.65	13.79	14.10	14.86
11.250	9.71	9.98	10.49	11.52	16.375	13.75	13.88	14.19	14.95
11.375	9.81	10.07	10.58	11.60	16.500	13.85	13.98	14.29	15.04
11.500	9.90	10.16	10.66	11.68	16.625	13.95	14.08	14.38	15.13
11.625	10.00	10.26	10.75	11.76	16.750	14.05	14.18	14.48	15.21
11.750	10.09	10.35	10.84	11.84	16.875	14.16	14.28	14.57	15.30
11.875	10.19	10.44	10.92	11.92	17.000	14.26	14.38	14.67	15.39
12.000	10.29	10.53	11.01	12.00					

res, sólo localice la tasa de interés correcta en la columna izquierda y relaciónela con su plazo de préstamo o duración del periodo de reembolso apropiado. Para simplificar, únicamente le mostraremos plazos a 30, 25, 20 y 15 años. Después de elegir el factor correcto, multiplíquelo por la cantidad del préstamo, dividido entre 1,000, como se mencionó anteriormente.

Para ilustrarlo, suponga que deseamos que sepa el pago requerido para amortizar un préstamo de $100,000 al 11% de interés durante un plazo de 30 años. Primero divida la cantidad del préstamo, $100,000, entre 1,000 ($100,000 ÷ $1,000 = 100). Después localice 11.000% en la columna izquierda y busque el factor que corresponde a un plazo de reembolso a 30 años. Ahora multiplique este factor por 100, el número de miles en la cantidad del préstamo. Este cálculo produce un pago mensual de $952.

Podemos simplificar este proceso combinando los pasos de esta manera:

$$\frac{\$100,000}{\$1,000} \times \$9.52 = \$952$$

Calcule el pago del préstamo si el plazo se acortó a 25 años.

Use el siguiente cálculo para revisar su respuesta:

$$\frac{\$100,000}{\$1,000} \times \$9.80 = \$980$$

Primas de seguros hipotecarios

Debido al elevado riesgo para los prestamistas que resulta de realizar un préstamo con una alta proporción de préstamo a valor, éstos exigen protección adicional conocida como *seguro hipotecario*. No lo confunda con un seguro de vida a crédito, que está diseñado para liquidar un préstamo si el prestatario fallece. El seguro hipotecario protege al prestamista si el comprador deja de pagar o si la propiedad no se vende en una cantidad suficiente a una venta por ejecución de hipoteca para liquidar el préstamo que se dejó de pagar.

Primas de seguro hipotecario privado (PMI)

En los Estados Unidos de Norteamérica, los préstamos que no son asegurados o garantizados por el gobierno se conocen como *préstamos convencionales*. Cuando un prestamista otorga un préstamo convencional por una cantidad superior al 80% del precio de venta o el valor estimado, el que sea menor, se requerirá que el prestatario obtenga un seguro hipotecario privado (PMI, por sus siglas en inglés).

Las primas del PMI se expresan y calculan en puntos. El costo de la prima dependerá de varios factores, como la cantidad de cobertura requerida, la proporción de préstamo a valor, el plazo del reembolso del préstamo, la ubicación geográfica de la propiedad y otros factores relacionados con el riesgo del prestatario asociado con un préstamo en particular.

La cantidad de la prima también se definirá por cómo y cuándo se paguen las primas. Los compradores disponen de una variedad de opciones del PMI. La prima del seguro puede pagarse

- por adelantado, en una cantidad única;
- financiándola en el préstamo;
- en un pago por adelantado, seguida de primas de renovación anual; o
- sólo en primas anuales.

El PMI se puede requerir durante todo el plazo del préstamo, o a discreción del prestamista, hasta que el saldo del préstamo disminuya a una cantidad inferior al 80% del valor en el mercado de la propiedad.

Cuando conozca los cargos actuales requeridos para un préstamo en particular, use la siguiente fórmula para calcular la cantidad en dólares de la prima por adelantado o anual:

Cantidad del préstamo x Puntos requeridos =
Prima del PMI

Ejemplo: Un prestamista requiere de una prima adelantada de 1 punto sobre un préstamo convencional de $95,000 y una prima anual de .32 puntos.

Prima por adelantado: $95,000 x .01 = $950
Prima de renovación anual: $95,000 x .0032 = $304 ÷ 12 = 25.33 al mes

La prima de renovación anual se cobra cada mes junto con el pago mensual.

Cuotas de obligación del préstamo

Si un arquitecto desea financiar la construcción de una casa nueva, se requiere un préstamo de construcción a corto plazo (también llamado préstamo *interino o puente*). Sin embargo, antes de que el prestamista otorgue los fondos del préstamo, requerirá un compromiso de préstamo de un prestamista a largo plazo para liquidar su préstamo a corto plazo y retirarlo de la propiedad, por eso el término del compromiso es *retirado o* pendiente. El prestamista a largo plazo carga una *cuota de obligación* por este servicio de préstamo nuevo a largo plazo. Esta cuota generalmente no es negociable. Sin embargo, en algunos casos, se acredita contra el descuento total del préstamo cargado al vendedor. Si ése es el caso, es de gran beneficio para el arquitecto requerir al comprador que obtenga el préstamo del mismo prestamista que le otorgó la obligación.

Ejemplo: Si un préstamo permanente o a largo plazo propuesto es de $150,000 y la cuota de obligación es de 1%, ¿cuánto debe pagar el arquitecto al prestamista?

$$\$150,000 \times .01 = \$1,500$$

Las cuotas de obligación del préstamo no se limitan a préstamos nuevos para construcción. Con frecuencia se cargan a préstamos no residenciales y se pueden cargar a ciertos préstamos residenciales, en especial a los grandes.

Cuotas de apertura de préstamo

Los prestamistas cargan una cuota de servicio por apertura de un préstamo nuevo. Esta cuota por lo general se expresa en puntos, aunque algunos prestamistas cargan una tasa fija. El préstamo más común requiere de una cuota de apertura de 1 punto:

Ejemplo: La familia Sánchez va a obtener un préstamo de $325,000 para comprar su casa nueva. El prestamista cargará una cuota de obligación del préstamo de $\frac{1}{2}$ punto y una cuota de apertura del préstamo de 1 punto. La cuota de obligación se pagará a la aprobación del préstamo y la cuota de apertura al cierre. ¿Cuánto será de cada una?

Cuota de obligación: $325,000 x .005 = $1,625
Cuota de apertura: $325,000 x .01 = $3,250

Puntos de descuento en préstamos

Un punto siempre es igual al 1% de la cantidad del préstamo. Como se discutió con anterioridad en este capítulo, las primas de seguro de hipotecas privadas, los cargos sobre préstamos y los cargos por apertura de préstamos se expresan en puntos.

Los prestamistas pueden también cargar puntos de descuento para ajustar el rendimiento o utilidad de un préstamo. En ocasiones, estos puntos se llaman *buydowns*, porque permiten que el prestamista ofrezca una tasa nominal más baja. Los puntos de descuento se conocen también como *factores de compensación del préstamo*.

Para calcular un punto, simplemente multiplique la cantidad del préstamo por 1% ó .01.

Ejemplo: Un prestamista requiere $1\frac{3}{4}$ puntos de descuento sobre un préstamo de $125,000.

$1\dfrac{3}{4}$ puntos = .0175 puntos

$125,000 x .0175 = $2,187.50 por puntos de descuento

Índices de calificación del préstamo del comprador

Antes de aprobar la solicitud de préstamo de un posible comprador, el prestamista desea tener la seguridad de que el solicitante tiene la capacidad financiera para pagar y que tiene un historial de haber pagado otras deudas en forma satisfactoria. De la misma manera, antes de que un profesional en bienes raíces invierta mucho tiempo y gastos en trabajar con un comprador, debe llevar a cabo una "precalificación" del mismo. Por supuesto, esto no está directamente relacionado con la calificación del préstamo real que hará el prestamista.

Los prestamistas verifican los ingresos del comprador solicitante y los relacionan con (1) la cantidad de los pagos del préstamo solicitado y (2) la cantidad total de todos los otros pagos que ahora debe el comprador. Para lograrlo, utilizan índices arbitrarios. Si un prestamista planea mantener el préstamo en su propia cartera, los índices se fijan en forma individual. Es importante recordar que cada agencia o prestamista está en libertad de cambiar los números de cada índice, así como los puntos que en él se incluyen. Estos índices pueden también variar dependiendo de la proporción préstamo-valor y si el interés es fijo o si está sujeto a ajuste. Por tanto, nuestra discusión tiene la intención de ser de naturaleza general.

Los índices de calificación se describen como índices PITI y LTD. El índice "PITI" es un porcentaje del ingreso del comprador que se aplica al pago de la cantidad principal del préstamo, de intereses, de impuestos y de seguros y el índice LTD es un porcentaje del ingreso del comprador que se aplica a todos los pagos mensuales actuales del comprador, más el pago PITI, como se describió con anterioridad. Los compradores deben satisfacer ambos índices para obtener la aprobación del préstamo.

Índices de calificación

Vamos a explorar ahora el cálculo de estos índices de calificación del préstamo. Supongamos que los índices PITI y LTD para un préstamo del 90% son 28% y 36% (expresados como 28/36), respectivamente. Esto significa que el pago PITI del comprador no debe exceder el 28% de su ingreso mensual bruto y que el pago del crédito hipotecario más todas las otras deudas no deben exceder el 36% del ingreso mensual bruto. (Si el comprador puede obtener un préstamo del 95%, el prestamista puede requerir índices de 25/33, debido a que el préstamo tiene mayor riesgo, por la inversión en efectivo más pequeña del comprador.)

Total x Porcentaje = Parte
Ingreso x Índice = Cantidad de pago autorizada

Ejemplos: El señor Rodolfo Ramírez y su esposa tienen un ingreso mensual bruto combinado de $3,600. Seleccionaron una casa de $100,000 y planean obtener un préstamo de $90,000 al 10.5% por

30 años. El principal mensual y el pago de intereses sobre esta casa es de $823.27, la prima de seguro contra riesgos es de $41, los impuestos son $95 y la prima de seguro de hipoteca financiada privada es de $26.25. Su única deuda a largo plazo es un pago de $300 por el coche. ¿Pueden calificar para el préstamo?

$823.27 por principal e interés + $41 del seguro + $95 de impuestos + $26.25 SHP = $985.52 pago total de la casa

$985.52 pago total de la casa ÷ $3,600 de ingreso = 27.4% (redondeado, no debe exceder el 28%)

$985.52 pago total de la casa + $300 por pago del coche = $1,285.52 pago total de la deuda

$1,285.52 pago total de la deuda ÷ $3,600 por ingreso = 35.7% (redondeado, no debe exceder el 36%)

El señor y la señora Ramírez califican para el préstamo, porque sus índices son menores a los requeridos. No podrían calificar si tuvieran, por ejemplo, un pago mensual por un auto de $100, porque su segundo índice sería demasiado alto, aunque el primero sea satisfactorio. Sin embargo, si pudieran liquidar el auto con fondos que tuvieran actualmente (no prestados), el préstamo podría ser aprobado.

Ahora, efectúe algunos problemas sencillos de calificación de préstamo.

3. Raúl y Rita desean obtener un nuevo préstamo. Su ingreso mensual combinado es de $4,200. ¿Para qué cantidad de pago mensual pueden calificar, si el prestamista utiliza los índices 28/36 y no tienen otras deudas?

4. A Juan y Fabiola Velasco les dijeron que el pago mensual por el PITI sobre la casa que eligieron es de $1,234.56. Si los prestamistas convencionales del área están califican-

do a los posibles compradores a 28/36, ¿cuál es el ingreso mensual requerido para los Velasco?

5. El ingreso mensual combinado de Luis y Francisca es de $5,000. ¿Para qué PITI mensual califican, si los prestamistas convencionales del área están calificando a 28/36?

6. ¿Cuál es la deuda mensual máxima que pueden tener los Velasco (véase problema 4) y todavía calificar para el préstamo?

Cálculo de las cantidades del préstamo y de los enganches y pagos al contado

La cantidad de dinero que un prestamista requiere que pague un comprador en relación con el precio de compra se llama *enganche.* La diferencia entre el precio de venta y este enganche es la cantidad del préstamo que el prestamista desea hacer sobre la propiedad respectiva. La cantidad del préstamo debe estar justificada por un avalúo. La cantidad del enganche y la cantidad del préstamo (el índice préstamo-valor) se determinan por el tipo de préstamo que se obtendrá.

Préstamos convencionales

El préstamo convencional máximo disponible es del 100%; sin embargo, los de 97%, 95%, 90% y 80% son más comunes. Hay requerimientos rigurosos de seguro de emisiones para los préstamos altos con índice préstamo-valor. El prestamista requiere un seguro de hipoteca privado sobre cualquier préstamo mayor al 80% del valor del mercado (o del precio de venta, el que sea menor). La cantidad de la prima de este PMI varía entre los aseguradores y también entre los tipos de préstamos. Por ejemplo, un préstamo con porcentaje fijo tendrá una prima PMI más pequeña que un préstamo con porcentaje ajustable.

Ejemplo: Si el precio de venta es de $100,000 y el comprador solicita un préstamo del 90%, ¿qué enganche en efectivo debe pagar el comprador, si la propiedad está valuada en $97,000?

Recuerde que la cantidad del préstamo se basa en el precio de venta *inferior* o en el valor estimado. En este caso, el vendedor quizá no desee reducir el precio de venta en una cantidad igual al valor estimado. Así, el comprador puede terminar el contrato (que es una disposición típica del contrato) o pagar un enganche mayor. Examinemos las cifras:

$97,000 valor estimado x .90 = $87,300 cantidad máxima del préstamo

$100,000 precio de venta - $87,300 cantidad máxima del préstamo = $12,700 enganche requerido

Si el vendedor reduce el precio de venta al valor estimado de $97,000, el enganche será de $9,700.

Préstamos hipotecarios: perspectiva general

Los préstamos hipotecarios se hacen por lo general para un periodo de pago de 15 a 30 años. Los pagos del principal (el valor nominal de la hipoteca) y el interés se requieren durante la vigencia del préstamo. Una deuda hipotecaria dividida entre pagos iguales y regulares (por lo general mensuales) durante un periodo se llama *crédito amortizado*.

Bajo los términos de un crédito amortizado, el prestatario hace un pago mensual fijo que incluye el interés de un mes sobre el principal no pagado, más un pago de parte del principal. Los pagos parciales mensuales iniciales pagan un interés primario y sólo una pequeña porción de cada pago se aplica a la reducción del principal. A medida que el principal se paga en forma gradual y el saldo se reduce, disminuyendo también el interés por pagar, un porcentaje mayor del pago mensual puede aplicarse al pago del principal, hasta que se liquide el préstamo en su totalidad.

En la Gráfica 9.1 se muestran los pagos típicos del préstamo amortizado. Note que la cantidad del principal pagada en cada pago parcial *aumenta*, mientras que la cantidad del interés pagado *disminuye*. El motivo de esto es que el interés se carga únicamente sobre el saldo pendiente del préstamo. El último pago (en este ejemplo, el número 300) no aparece. Observe que los porcentajes en cada pago son del 100%. Esto es porque cada pago sobre dicho préstamo incluye sólo la reducción del principal y el interés sobre el saldo, aunque el porcentaje cambia con cada pago.

Muchos prestamistas de hipotecas requieren que el prestatario pague una cantidad mensual, además del pago mensual de amortización, para establecer una reserva para pagar los impuestos por bienes raíces y las primas de seguro cuando se venzan. La cantidad de esta reserva se indicará cuando se incluya en un problema en este libro. Sin embargo, no es una parte del pago del *préstamo*.

Cálculos de la amortización

Usted podrá resolver todos los problemas de este capítulo, aplicando lo que ha aprendido sobre los porcentajes, el principal y el interés. Trabaje todas las cantidades en dólares hasta tres decimales y redondee a dos lugares sólo en el último paso de un problema. Trabaje con cuidado. Si su respuesta no concuerda con la que damos, revise, hasta que comprenda la solución correcta. Enseguida, ajuste su trabajo antes de pasar al problema siguiente.

GRÁFICA 9.1
Hipoteca amortizada de $80,000 con un interés del 13.5% por 25 años

Pago mensual: $932.52

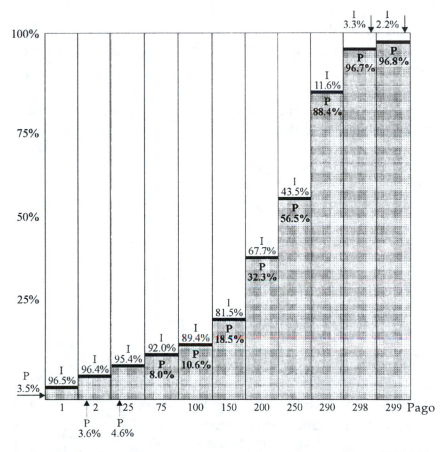

7. La señora Loredo posee una residencia valuada en $77,000 y le concedieron un préstamo hipotecario a 30 años equivalente al 75% del valor de la propiedad. Si la tasa de interés es del 9%, calcule la cantidad del interés cargado en el primer mes del préstamo. (Recuerde la proporción préstamo-valor; en este ejemplo es del 75%.)

8. Si utilizamos la Tabla 9.1, ¿cuál será el principal mensual y el pago del interés que deberá hacer la señora Loredo (véase problema 7)?

Ejemplo: De acuerdo con la información del problema 7, si el pago mensual de la señora Loredo es de $464.89, ¿cuál será el saldo del principal de su préstamo el siguiente mes?

Paso 1. Calcule el interés mensual sobre el principal total. (Esto se calculó en el último problema). La respuesta es $433.13.

Paso 2. Encuentre la cantidad del pago que se aplicará para reducir el principal.

$464.89 pago total
- 433.13 interés mensual
$ 31.76 cantidad aplicada al principal

Paso 3. Calcule el nuevo saldo del principal.

$57,750.00 antiguo saldo del principal
–   31.76 reducción
$57,718.24 saldo nuevo del principal

Note por favor nuevamente que habrá una diferencia de unos centavos en la respuesta si deja los números en la calculadora y efectúa las funciones en cadena, contrario a anotar cada respuesta, borrar las cifras en la calculadora y después anotar los números para el siguiente paso del problema. Se logra una mayor precisión con la calculadora si se dejan los números en ésta y se efectúa el siguiente cálculo.

9. Calcule ahora el saldo del principal del préstamo de la señora Loredo, ya calculado el interés del tercer pago.

Intereses acumulados y reducción del préstamo

Normalmente, los intereses sobre un préstamo para bienes raíces se pagan *después* de que el prestamista los ha devengado o acumulado. Por este motivo, los intereses se pagan atrasados, lo que significa que el pago de junio de un préstamo incluye los intereses devengados durante el mes de mayo y un remanente, que reduce el principal de junio.

Ocasionalmente, los intereses pueden pagarse por adelantado, pero los cambios en las leyes fiscales ya no aconsejan seguir este método de pago. Sin embargo, en casi todo préstamo nuevo se da una excepción limitada de esto. Debido a que un préstamo puede terminarse o cerrarse cualquier día del mes, el comprador paga generalmente los intereses desde ese día de cierre hasta el final del mes. A esto se le llama interés *prepagado*. Entonces, el primer pago mensual regular será el primer día del *siguiente* mes. Ese pago incluirá el interés de todo el primer mes de intervención del préstamo. El comprador no dejará de contribuir, como piensan algunas personas. Examine el siguiente diagrama para una mejor comprensión de esto.

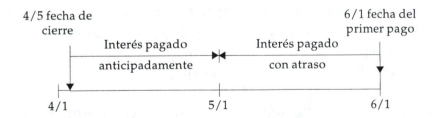

10. El 1° de mayo, Tomás Arévalo pidió prestados $45,000 con un interés del 11%. El préstamo se amortizó por un periodo de 20 años, a $464.48 mensuales. ¿Cuánto del pago del 1° de junio se aplicó al interés y cuánto al principal?

11. Utilice la información que se dio en el problema 10 y divida el pago del 1° de julio entre el interés y el principal.

12. Nicandro Oropeza tiene una casa valuada en $60,000 y obtuvo un préstamo de $10,000 para mejorarla y construir una habitación adicional. El préstamo es pagadero a una tasa de $100 mensuales, más 14% de interés sobre el saldo del principal que disminuye. El préstamo se hizo el 1° de marzo y los pagos del principal y de los intereses vencen el primer día de cada mes. ¿Qué cantidad vencerá el 1° de abril? ¿El 1° de mayo?

Problemas para práctica adicional

1. ¿Para qué pago PITI mensual puede calificar Gabriel, si gana $3,300 mensuales y el prestamista aplica índices de calificación 28/36?

a) $1,188   b) $825   c) $1,150   d) $924

2. Marcos y Mayra Sosa pueden obtener un préstamo convencional del 90% por 20 años al 9%. Se requerirá un pago mensual del principal y de los intereses de $10.14 por $1,000 de la cantidad del préstamo. ¿Para qué financiamiento pueden calificar, si el salario anual de Marcos es de $60,000 y si Mayra gana $1,800 mensuales? (El prestamista les permitirá destinar hasta el 25% de su ingreso mensual bruto al pago del principal y de los intereses.)

a) $1,687.50   c) $167,653
b) $81,000.00   d) $184,911.24

3. Utilice la información del problema 2 y calcule el precio de la casa que pueden comprar Marcos y Mayra. Divida la cantidad del préstamo entre la proporción préstamo–valor para obtener el precio de compra.

a) $186,281   c) $166,420.12
b) $81,000.00   d) $184,911.24

4. Si un prestamista acepta hacer un préstamo del 80% sobre una casa que vale $116,900 y que tiene un valor estimado de $114,500, ¿cuál es la cantidad del préstamo?

a) $93,200   b) $23,300   c) $91,600   d) $22,900

5. Lila y Rogelio Cuevas tienen un ingreso anual combinado de $96,400. Pueden obtener un préstamo convencional a 20 años del 90%, con un interés del 8.75%, que requerirá de pagos mensuales de $8.84 por $1,000 prestados. La casa que en verdad les gusta tiene impuestos anuales de $3,200 y puede asegurarse por $1,500 al año. Si el prestamista usa índices de calificación 28/36 y no tienen otras deudas, ¿para qué financiamiento pueden calificar Lila y Rogelio?

a) $210,142.53   c) $233,492.12
b) $282,272.12   d) $254,449.10

6. Utilice la información del problema 5 y calcule el precio de venta máximo que pueden pagar Lila y Rogelio.

a) $210,142.91   c) $254,449.10
b) $233,491.70   d) $282,272.12

7. Si Carlos Snyder tiene un ingreso anual bruto de $48,000, ¿para qué pago PITI mensual puede calificar, si el prestamista utiliza índices de calificación 29/41?

a) $1,160   b) $1,640   c) $1,120   d) $1,140

8. ¿Cuál es la cantidad de dinero máxima de la que Leonel Bátiz podría disponer para un coche si gana $65,400 al año, y además desea obtener la cantidad máxima posible de un préstamo para casa y puede obtener uno convencional del 95% por 30 años, al 9.25%? (El prestamista requerirá de índices de calificación 25/33 y de un pago mensual de $8.23 por $1,000 prestados.)

a) $1,798.50   b) $1,362.50   c) $5,450.00   d) $436.00

9. La señora Saavedra puede obtener un préstamo convencional del 80% para comprar una casa que se vende en $428,000. Si la propiedad tiene un valor estimado de $425,000, ¿cuál será el enganche requerido?

a) $42,500   b) $85,000   c) $85,600   d) $42,800

10. ¿Qué ingreso mensual bruto verificable necesitarán Sara y Martín Esquivel para comprar una casa nueva de $186,000, si pueden obtener un préstamo convencional del 80% por 15 años, con un interés mensual del 10%? (La prima de seguro anual será del 2% del valor de la casa y los impuestos *ad valorem* se cargarán a $3.85 por $100 del valor comercial. El préstamo requerirá de un pago mensual de principal e intereses de $10.75 por cada $1,000 de la cantidad del préstamo y el prestamista utilizará índices de calificación 28/36. El valor de la propiedad es de $186,000 y los Esquivel no tienen otras deudas.)

a) $2,976.00   c) $7,161.00
b) $8,951.25   d) $10,599.60

Clave de respuestas

Soluciones: Ejercicios de calentamiento

1. (c) $385,000 x .90 = $346,500
$385,000 − $346,500 = $38,500

2. (a) $135,000 x .95 = $128,250
$128,250 ÷ $1,000 = 128.25
128.25 x $10.14 = $1,300.46 (redondeado)
$1,300.46 x .25 = $5,201.84

3. (d) $456,000 x .90 = $410,400
$410,400 ÷ $1,000 x $7.87 = $3,229.85 (redondeado)
$456,000 x .53 ÷ 100 x $3.80 = $9,183.84
$9,183.84 + $1,800 ÷ 12 = $915.32
$3,229.85 + $915.32 = $4,145.17

4. (b) $135,000 x .80 = $108,000
$108,000 ÷ $1,000 = 108
108 x $8.05 = $869.40

Soluciones: Problemas del capítulo

1. $90,000 x .80 = $72,000

2. $72,000 x .12 ÷ 12 = $720

3. $4,200 x .28 = $1,176

4. $1,234.56 ÷ .28 = $4,409.14 (redondeado)

5. $5,000 x .28 = $1,400

6. $5,000 x .36 = $1,800
   $1,800 – $1,400 = $400

7. $77,000 x .75 = $57,750
   $57,750 x .09 ÷ 12 = $433.13

8. $57,750 ÷ $1,000 x $8.05 = $464.89 (redondeado)

9. Pmt 2: $57,718.24 x .09 ÷ 12 = $432.89
   $464.89 – 432.89 = $32.00
   $57,718.24 – $32.00 = $57,686.24
   Pmt 3: $57,686.24 x .09 ÷ 12 = $432.65
   $464.89 – 432.65 = $32.24
   $57,686.24 – $32.24 = $57,654.00

10. $45,000 x .11 ÷ 12 = $412.50
    $464.48 – $412.50 = $51.98

11. $45,000 – $51.98 = $44,948.02
    $44,948.02 x .11 ÷ 12 = $412.02 (redondeado)
    $464.48 – $412.02 = $52.46

12. Abril 1°: $10,000 x .14 ÷ 12 = $116.67 (redondeado)
                $116.67 + $100 = $216.67
    Mayo 1°: $10,000 – $100 = $9,900
                $9.900 x .14 ÷ 12 = $115.50
                $115.50 + $100 = $215.50

Soluciones: Problemas para práctica adicional

1. (d): $3,300 x .28 = $924

2. (c): $60,000 ÷ 12 + $1,800 = $6,800
        $6,800 x .25 = $1,700
        $1,700 ÷ $10.14 x $1,000 = $167,653 (redondeado)

3. (a): $167,653 ÷ .90 = $186,281 (redondeado)

4. (c): $114,500 x .80 = $91,600

5. (a): $96,400 ÷ 12 x .28 = $2,249.33 (redondeado)
        $3,200 + $1,500 = $4,700
        $4,700 ÷ 12 = $391.67 (redondeado)
        $2,249.33 – $391.67 = $1,857.66
        $1,857.66 ÷ $8.84 x $1,000 = $210,142.53

6. (b): $210,142.53 ÷ .90 = $233,491.70

7. (a): $48,000 ÷ 12 = $4,000
        $4,000 x .29 = $1,160

8. (d): 35% – 25% = 8%
        $65,400 ÷ 12 = $5,450
        $5,450 x .08 = $436

9. (b): $425,000 x .20 = $85,000

10. (b): $186,000 x .80 = 148,800
        $148,800 ÷ $1,000 x $10.75 = $1,599.60
        $186,000 ÷ 100 x $3.85 = $7,161
        $186,000 x .02 = $3,720
        $7,161 + $3,720 ÷ 12 = $906.75
        $1,599.60 + $906.75 = $2,506.35
        $2,506.35 ÷ .28 = $8,951.25

Capítulo 10

IMPUESTOS *AD VALOREM*

A menudo será necesario que usted, como vendedor o corredor de bienes raíces, sepa calcular los impuestos de los bienes raíces, además de comprender básicamente cómo se recaudan.

Al terminar su aprendizaje en este capítulo, podrá calcular los impuestos *ad valorem* anuales

- basándose en el valor comercial de la propiedad y en el índice del valor catastral;
- basándose en el valor catastral, utilizando un porcentaje de impuesto por $100 del valor;
- las milésimas de dólar; y
- usando un factor de compensación.

También podrá calcular los recargos por la morosidad en el pago de los impuestos *ad valorem*.

Ejercicios de calentamiento

1. Una propiedad tiene un valor comercial de $67,000. El índice del valor catastral usado en el área es el 82% del valor comercial. La tasa tributaria es $2.50 por $100 del valor catastral. ¿Cuáles son los impuestos anuales para esta propiedad?

a) $1,675.00   b)$2,042.68 c) $1,373.50   d) $1,375.00

2. ¿Qué impuesto anual se pagará por una parcela valuada en $182,500, usando un factor de compensación de 1.30 y una tasa tributaria de $4.18 por $100 del valor compensado?

a) $9,917.05 b) $5,868.08 c) $7,628.50   d) $3,084.25

3. ¿Cuál es el valor catastral de una propiedad con un valor comercial de $4,860,300, usando un factor de compensación de .53?

a) $91,703.77   c) $257,595.90
b) $2,575,959   d) $25,759,590

4. Los impuestos prediales por la cantidad de $1,460 son pagaderos al 31 de diciembre. Se recauda un recargo por retraso de .75% o fracción por mes por impuestos pagados después de la fecha debida. ¿Qué cantidad se deberá pagar, si los impuestos se pagan el 4 de abril del año siguiente?

a) $1,470.95 b) $1,492.85 c)$1,518.40   d) $1,503.80

Impuestos basados en el valor catastral

Los impuestos recaudados por los bienes raíces, de tal manera que cada contribuyente comparta el costo de varias actividades gubernamentales en proporción con el valor de su propiedad, se llaman impuestos *ad valorem*. Ad *valorem* significa "de acuerdo con el valor", por lo que un impuesto *ad valorem* es un impuesto predial basado en el valor de la propiedad.

   Valuar y gravar un bien raíz con el propósito de calcular el impuesto es por lo general responsabilidad del asesor de impuestos, pero le será de utilidad tener un conocimiento básico sobre cómo se obtiene tal cantidad. Para ello, debe conocer dos cosas: el porcentaje o proporción del valor catastral con el comercial utilizado en su área y la tasa tributaria, casi siempre expresada en dólares o centavos por cien o por mil dólares de avalúo catastral.

Por ejemplo, supongamos que el valor catastral de una propiedad particular es del 70% del valor comercial, el cual se estima en $50,000 y la tasa tributaria oficial en la ciudad o pueblo es de $4 por $100 de avalúo catastral. La cantidad del impuesto municipal predial se calcula de la siguiente manera:

Paso 1. Calcule el valor catastral. En algunas jurisdicciones, este paso no es necesario, porque el valor catastral y el valor comercial son los mismos. La propiedad puede valuarse al 100% del valor comercial.

> Valor comercial x Índice del gravamen = Valor catastral

$$\$50,000 \times .70 = \$35,000$$

Paso 2. Calcule el impuesto (tasa tributaria expresada en dólares por ciento).

> Valor catastral ÷ 100 x Tasa tributaria = Impuesto anual

$$\$35,000 \div 100 \times \$4 = \text{impuesto anual}$$

$$\text{Impuesto anual} = \$1,400$$

Ejemplo: Valor catastral al 100% del valor comercial.

Una propiedad se valúa a $143,500 y recientemente la compraron en $144,000. ¿Cuáles son los impuestos anuales, si la tasa tributaria es $2.20 por $100 de avalúo?

Valor catastral ÷ 100 x Tasa tributaria = Impuesto anual
$143,500   ÷ 100 x $2.20   = $3,157

Ejemplo: Valor catastral como un porcentaje o índice de gravamen del valor comercial.

Una propiedad tiene un valor comercial de $125,600 en una jurisdicción que grava la propiedad al 53% del valor comercial. ¿Cuál es el impuesto anual actual que se paga a la ciudad, si la tasa tributaria es $.92 por $100 del valor catastral?

Valor comercial x Índice del gravamen = Valor catastral
$125,600   x   .53   = $66,568

Valor catastral ÷ 100 x Tasa tributaria = Impuesto anual
$66,568   ÷ 100 x $.92   = $612.43 (redondeado)

Cuando los impuestos se basan en un avalúo fiscal igual al 100% del valor comercial, elimine el paso 1 de este ejemplo.

Advertencia: El impuesto predial lo determinan las leyes estatales y locales. El material que aquí se presenta es de tipo general. Asegúrese de informarse acerca de los procedimientos fiscales en su propia localidad.

1. Una casa tiene un valor comercial de $80,000. El índice del gravamen es del 70%. ¿Cuál es el valor catastral?

2. Si las propiedades se gravan al 50% de su valor comercial, ¿cuál será el valor catastral de una parcela con valor de $47,500?

3. Si una propiedad es valuada en $65,000 y gravada al 60% de su valor, ¿cuál es el impuesto, si el índice es $5.30 por $100 del valor catastral?

4. Una casa tiene un valor comercial de $44,200. El índice del gravamen es 50% del valor comercial y la tasa tributaria es $35 por $1,000 del valor catastral. ¿Cuál es el impuesto anual de la propiedad?

Note que las tasas tributarias pueden expresarse en cualesquiera de estas tres formas. Las siguientes tasas son equivalentes:

$3.50 por $100
$35 por $1,000
3.5% (.035)

Impuestos que utilizan un factor de compensación

En algunos distritos fiscales, los valores catastrales se ajustan para hacerlos comparables con aquellos de las áreas vecinas. El valor catastral de una propiedad se multiplica por un *factor de compensación* determinado por la oficina del valuador.

Valor catastral x Factor de compensación = Gravamen compensado

El valor del gravamen compensado se multiplica por la tasa tributaria para calcular la cantidad de la boleta predial.

Gravamen compensado x Tasa tributaria = Impuesto

5. Si un bien raíz se valúa a $82,500, para ajustarse por un factor de compensación de 1.30 y la tasa tributaria es $4.35 por $100 del valor catastral compensado, ¿qué impuesto pagará?

Recargos por morosidad en el pago de impuestos

Los impuestos no pagados están sujetos a recargos, por ejemplo, del 1% mensual durante el periodo de morosidad.

Ejemplo: Suponga que el impuesto predial de una propiedad es de $780 y puede pagarse en dos pagos parciales iguales. Las fechas de vencimiento son 1° de mayo y 1° de septiembre. ¿Cuál es la cantidad de recargo que se acumulará si no se hacen pagos hasta el 30 de octubre, en cuya fecha se pagará todo el impuesto? (Suponga que los pagos morosos están sujetos a un recargo del 1% mensual.)

Paso 1. Calcule los pagos parciales.

$$\$780 \div 2 = \$390 \text{ por parcialidad}$$

Paso 2. Determine el primer recargo.

$390 \times .06$ recargo 1° de mayo a 30 de octubre = $23.40

Paso 3. Determine el segundo recargo.

$390 \times .02$ recargo 1° de septiembre a 30 de octubre = $7.80

Paso 4. Sume los dos recargos para obtener el total.

$$\$23.40 + 7.80 = \$31.20$$

Los impuestos prediales morosos generalmente se cobran cuando se vende la propiedad en una venta fiscal o en una venta privada. Si la ley local concede al dueño moroso un periodo de rescate, casi siempre se agregan recargos, hasta el momento en que la propiedad es rescatada o se celebra un contrato fiscal con el comprador en la venta fiscal o privada.

6. No se pagaron los impuestos prediales por una cantidad de $927, en la fecha de vencimiento, 1° de julio. La propiedad se vendió en una venta fiscal el 1° de octubre. El recargo *antes* de la venta fiscal era de 1% de interés al mes. El recargo *después* de la venta fiscal fue del 12% por cada periodo de seis meses después de la venta, sin prorrateo. El cargo de rescate fue de $5. Encuentre el costo para rescatar la propiedad el 1° de noviembre.

Exenciones

Algunos estados permiten ciertas exenciones sobre los impuestos prediales y, en ciertos casos, esta opción se extiende a entidades fiscales menores, como condados, ciudades y distritos escolares. La autoridad fiscal resta o exenta una cantidad prescrita del valor catastral, antes de aplicar los otros factores.

Por ejemplo, un estado puede exentar $10,000 para propósitos de tierras de colonización. Si la propiedad que se encuentra en dichas tierras está valuada en $60,000, la exención de $10,000 se resta y se aplican los factores usuales al avalúo de $50,000.

O una exención podría concederse a ciudadanos mayores y, una vez más, la cantidad se restaría del valor catastral. En algunos casos, se conceden exenciones sobre tierra utilizada para propósitos de agricultura y el valor catastral se basa en el valor de productividad, no en el valor comercial de la tierra. Generalmente, los dueños de las propiedades deben presentar una solicitud por escrito para cualquier tipo de exención del impuesto predial.

Problemas para práctica adicional

Al terminar estos problemas, coteje sus respuestas al final del capítulo. Si falló en alguno, repase antes de pasar al capítulo 11.

1. Una propiedad tiene un valor comercial de $76,000. Los impuestos en el área se calculan sobre el 66% del valor comercial, en un índice de $2.50 por $100 del valor catastral. ¿Qué impuesto se cargará en un año?

   a) $836.00   c) $1,254.00
   b) $1,900.00   d) $501.60

2. Un inmueble habitacional se vendió en $75,000. El valor catastral para propósitos fiscales es del 22% del valor comercial. ¿De qué cantidad será la boleta predial, si la tasa tributaria es de $6.25 por $100 del valor catastral?

   a) $937.50   b) $975.00   c) $1,031.25   d) $1,072.50

3. Julio Martínez, dueño de una propiedad, recibió su boleta predial por $1,232.50. La tasa tributaria publicada es de $2.25 por $100 del valor catastral. ¿Cuál es el valor catastral de esta propiedad?

   a) $8,936.63   c) $54,777.00
   b) $17,000.00   d) $18,390.00

4. Encuentre la tasa tributaria por $100 del valor catastral, cuando la boleta predial es de $901.31 y el valor catastral es el 33% del valor comercial de $47,500.

   a) $5.75   b) $6.00   c) $57.50   d) $.575

5. Los Lerdo recibieron una boleta predial por $870.54, cuya mitad se vence el 1° de junio y la otra, el 1° de octubre. El recargo es del 1% por impuestos morosos. Si los Lerdo hacen el pago total el 15 de octubre, ¿cuánto pagarán?

   a) $892.30   b) $896.64   c) $887.95   d) $883.60

6. Una casa fue valuada para impuestos al 50% del valor comercial. La tasa tributaria fue de $3.75 por $100 del valor catastral. Cinco años después, los impuestos aumentaron $300. ¿Cuánto creció el valor comercial de la casa?

   a) $8,000   b) $16,000   c) $2,250   d) $60,000

7. Una casa está valuada en $75,000 y gravada en el 60% de su valor. Si la boleta predial es de $1,350, ¿cuál es el índice por $100?

a) $1.80   b) $13.50   c) $4.00   d) $3.00

8. La casa de los Montaño tiene un valor catastral de $68,900. A los Montaño se les concedió una exención de $10,000 y deberán un impuesto anual actual basado en $2.28 por $100 de valoración. Su boleta predial será por

a) $1,798.92   c) $1,342.92
b) $1,570.92   d) Ninguna de las cantidades
                        anteriores

9. ¿Cuál es el impuesto anual que debe pagarse por una propiedad con un valor comercial de $385,600, cuando se utiliza un índice de gravamen de 48% y la tasa tributaria es $3.43 por $100 de valoración?

a) $6,533.61   c) $7,009.82
b) $13,226.08   d) $6,348.52

10. La tasa de impuestos de una ciudad es de $.83 por $100 del valor catastral. ¿Cuál es la boleta predial anual de una propiedad que el distrito gravó en $83,750?

a) $695.13   c) $6,951.25
b) $69.51   d) $688.90

Clave de respuestas

Soluciones: Ejercicios de calentamiento

1. (c): $67,000 x .82 ÷ 100 x $2.50 = $1,373.50

2. (a): $182,500 x 1.3 ÷ 100 x $4.18 = $9,917.05

3. (b): $4'860,300 x .53 = $2'575,959

4. (d): .0075 x 4 = .03
   $1,460 x .03 = $43.80
   $43.80 + $1,460 = $1,503.80

Soluciones: Problemas del capítulo

1. $80,000 x .70 = $56,000

2. $47,500 x .40 = $19,000

3. $65,000 x .60 = $39,000
   $39,000 ÷ $100 = 390
   390 x $5.30 = $2,067

4. $44,200 x .50 = $22,100
   $22,100 ÷ $1,000 = 22.10
   22.10 x $35 = $773.50

5. $82,500 x 1.30 = $107,250
   $107,250 ÷ $100 = 1,072.50
   1,072.50 x $4.35 = $4,665.38 (redondeado)

6. $927 x .03 = $27.81
   $927 x .12 = $111.24
   $927 + $27.81 + $111.24 + $5 = $1,071.05

Soluciones: Problemas para práctica adicional

1. (c): $76,000 x .66 = $50,160
   $50,160 ÷ $100 = 501.60
   501.60 x $2.50 = $1,254

2. (c): $75,000 x .22 = $16,500
   $16,500 ÷ $100 = 165
   165 x $6.25 = $1,031.25

3. (c): $1,232.50 ÷ $2.25 = $547.77 (redondeado)
   $547.77 x $100 = $54,777

4. (a): $47,500 x .33 = $15,675
   $15,675 ÷ $100 = 156.75
   $901.31 ÷ 156.75 = $5.75 (redondeado)

5. (b): $870.54 ÷ 2 = $435.27
$435.27 x .01 = $4.35 (redondeado)
$4.35 x 5 = $21.75
$435.27 + 21.75 = $457.02
$435.27 + $4.35 = $439.62
$457.02 + $439.62 = $896.64

6. (b): $300 ÷ $3.75 = 80
80 x $100 = $8,000
$8,000 ÷ .50 = $16,000

7. (d): $75,000 x .60 = $45,000
$45,000 ÷ $100 = 450
$1,350 ÷ 450 = $3

8. (c): $68,900 − $10,000 = $58,900
$58,900 ÷ $100 x $2.28 = $1,342.92

9. (d): $385,600 x .48 = $185,088
$185,088 ÷ $100 x $3.43 = $6,348.52 (redondeado)

10. (a): $83,750 ÷ $100 x $.83 = $695.13 (redondeado)

Capítulo 11

Impuesto de Traspaso de Propiedad

La transferencia de un inmueble causa impuestos en muchos estados. La cantidad del impuesto y las consideraciones que están exentas difieren de un estado a otro. Usted debe estar familiarizado con la cantidad del impuesto de traspaso cargado en su estado y las exenciones actuales. Algunos estados exentan un traspaso en el cual la consideración total es menor que alguna cantidad estatutaria o si el comprador asume una hipoteca existente. Esto no se refiere a la cantidad que aparece en la escritura, sino al precio de venta real. Muchos estados requieren que una o ambas partes presenten una declaración por escrito firmada para una venta en la que se declara el precio de venta, junto con otros hechos. Algunos estados no tienen impuesto de traspaso.

Al terminar de leer este breve capítulo, podrá calcular el impuesto de traspaso, usando los enfoques aplicados por algunos estados. Recuerde consultar los índices para su estado, si los hay.

Ejercicios de calentamiento

1. Una parcela se vendió en $64,000 y el comprador asumió el saldo de la hipoteca de $23,600. El estado en el que se llevó a cabo la transacción marca un impuesto de traspaso de $.65 por cada $500 o fracción del mismo, pagadero en efectivo en el momento del traspaso. ¿Cuál es el impuesto de traspaso que se debe pagar?

   a) $20.21   b) $52.00   c) $52.65   d) $31.20

2. Una propiedad se vendió en $85,500 en efectivo. El estado marca un impuesto de traspaso de $.43 por cada $300 del precio de venta. ¿Cuál es el impuesto de traspaso a pagar?

   a) $125.00   b) $122.55   c) $73.53   d) $173.53

Tasas tributarias por traspaso

En muchos estados se requiere que los impuestos de traspaso estén pagados cuando la propiedad se venda y la escritura se haya tramitado.

Una tasa tributaria de $.50 o $.55 por cada $500 o fracción de $500 de la consideración gravable neta es común. Un porcentaje de la consideración gravable es otro método utilizado.

Ejemplo: ¿Qué valor en timbres fiscales de traspaso del estado debe fijarse a una escritura, cuando la propiedad se vende en $10,600 y la tasa tributaria es $.50 por $500 o fracción del mismo del precio de venta? ("Fracción del mismo" significa que $501 se trata de la misma forma que $599.)

$$\$10,600 \div \$500 = 21.2 \text{ ó } 22 \text{ partes gravables}$$
$$22 \times \$.50 = \$11 \text{ impuesto}$$

Debido a que el impuesto es $.50 por $500 o fracción del mismo, cualquier parte fraccional incurrirá en $.50 de impuesto. Por lo tanto, 21 y una parte fraccional (.2) son, para este impuesto, lo mismo que 22 partes.

1. Una propiedad se vendió en un estado en el que la tasa tributaria es $.55 por cada $500 pagados en efectivo en el momento del traspaso. Un saldo de hipoteca, si lo asume el comprador, no se considera gravable. Si el precio total de la propiedad fue de $54,000 y el comprador asumió una hipoteca de $24,000, calcule la cantidad del impuesto de traspaso pagado. (La hipoteca asumida está exenta.)

2. Un inmueble se vendió en $64,750 y se requirió un impuesto de traspaso del estado en un índice de $.26 por $100 o fracción del mismo de consideración. ¿Qué impuesto se pagó?

3. Una propiedad se vendió en $40,500 y el comprador asumió el saldo de la hipoteca del vendedor, de $20,394. La tasa tributaria fue .005 de la consideración pagada en efectivo al cerrar la venta. ¿Cuál fue el impuesto, si la hipoteca asumida estuvo exenta?

Precio de venta aproximado

Ejemplo: En algunos estados, los timbres fiscales se basan en la cantidad de efectivo pagado en el momento del traspaso. Calcule el *precio de venta aproximado* de la propiedad, en una transacción en la que la tasa tributaria fue $.50 por cada $500 o fracción del mismo, un total de $20.50 en timbres se colocó en la escritura y el comprador asumió la hipoteca del vendedor de $19,812.

Paso 1. Calcule las partes.

$$\$20.50 \div \$.50 = 41$$

Paso 2. Determine la cantidad pagada en efectivo.

$$41 \times \$500 = \$20,500$$

Paso 3. Total de efectivo pagado y la cantidad de la hipoteca.

$$\$20,500 + \$19,812 = \$40,312 \text{ precio de venta}$$

En casi todos los estados, sólo los préstamos asumidos están exentos al calcular los impuestos de traspaso. Los préstamos nuevos para compra no se deducen de la cantidad sujeta al impuesto de traspaso, ya sea que el pagaré sea del vendedor o de una tercera parte prestamista.

4. El señor Ramos vendió su casa a la señora Reguera por $12,000 en efectivo, una primera hipoteca de $40,000 asumida por la compradora y una letra de hipoteca de compra firmada por la señora Reguera por $13,000. La transacción tuvo lugar en un estado que tiene una tasa tributaria de $1.75 por $100 o fracción del mismo y exenta las hipotecas asumidas. ¿Cuál fue el impuesto de traspaso de la venta?

5. Toño y Georgina Finnelli desean vender su casa a través de Lorenzo Salinas, por $60,000. La mejor oferta que recibieron es de Jorge y Lola Ruiz, quienes desean asumir la hipoteca actual de $20,000, pagar $25,000 en efectivo y firmar una letra de hipoteca para compra por $10,000. La tasa tributaria por traspaso es $.75 por $500 o fracción de la misma y las hipotecas asumidas están exentas. ¿Qué impuesto de traspaso se cargará, si los Finnelli aceptan esta oferta?

Problemas para práctica adicional

Al terminar estos problemas, coteje sus respuestas. Si falló en alguno, repase lo leído antes de continuar con el capítulo 11.

1. Una propiedad se vendió en $84,000 y el comprador asumió la hipoteca de $52,000. ¿Qué impuesto de traspaso se pagará si el impuesto se basa en el dinero en efectivo intercambiado al cerrar la venta, a un índice de $.45 por $500 o fracción del mismo?

   a) $75.60   b) $46.80   c) $57.60   d) $28.80

2. El precio de venta de una casa es $112,000. El comprador asume el saldo de la hipoteca del vendedor de $61,000 y dará a éste una letra de hipoteca para compra por $25,000. ¿Qué cantidad de timbres fiscales de traspaso del estado se requiere, si el impuesto de traspaso es el 2% del valor de la propiedad?

   a) $520   b) $1,020   c) $1,720   d) $2,240

3. El impuesto de traspaso del estado es $.30 por cada $100 o fracción del mismo del precio de venta total. El impuesto del condado es $.50 por cada $500 o fracción del mismo del precio de venta menos la cantidad de cualquier hipoteca asumida. Calcule el impuesto de traspaso total requerido para una venta en $95,000 con una hipoteca asumida de $68,000.

   a) $81.00   b) $108.00   c) $123.50   d) $312.00

4. El impuesto de traspaso del estado es $.50 por cada $500 o fracción del mismo del precio de venta, menos la cantidad de cualquier hipoteca asumida. Un reporte de las propiedades vendidas menciona las direcciones y los nombres de los cesionistas y los adjudicatarios y la cantidad del impuesto de traspaso pagado. Cuando en el reporte aparece la cantidad de $89.50 como impuesto de traspaso, el precio de venta de la propiedad es probablemente

   a) $89,500   b) Menor a $89,000

c) Mayor a $89,500, si el d) Ninguna de estas canti-
comprador asumió la   dades
hipoteca del vendedor

5. El impuesto de traspaso del estado sobre escrituras es
$.12 por cada $100 del precio de venta; el impuesto del
condado es $.30 por cada $100 del precio de venta. El precio de venta de una residencia es $84,000 y está finan-
ciada por un préstamo hipotecario por el 80% del precio
de venta. ¿Qué impuesto de traspaso debe pagarse? (No
hay exenciones por préstamos asumidos.)

a) $100.80   b) $352.80   c) $252.00   d) $325.00

Clave de respuestas

Soluciones: Ejercicios de calentamiento

1. (c): $64,000 - $23,600 = $40,400
$40,400 ÷ $500 = 80.8 ó 81 (redondeado)
81 x $.65 = $52.65

2. (b): $85,500 ÷ $300 = 285
285 x $.43 = $122.55

Soluciones: Problemas del capítulo

1. $54,000 − $24,000 = $30,000
$30,000 ÷ $500 = 60
60 x $.55 = $33

2. $64,750 ÷ $100 = 647.5 ó 648
648 x $.26 = $168.48

3. $40,500 − $20,394 = $20,106
$20,106 x .005 = $100.53

4. $12,000 + $13,000 + $40,000 = $65,000
$65,000 − $40,000 = $25,000
ó
$12,000 + $13,000 = $25,000
$25,000 ÷ $100 = 250
250 x $1.75 = $437.50

5. $20,000 + $25,000 + $10,000 = $55,000
   $55,000 − $20,000 = $35,000
   $35,000 ÷ $500 = 70
   70 x $.75 = $52.50

Soluciones: Problemas para práctica adicional

1. (d): $84,000 − $52,000 = $32,000
   $32,000 ÷ $500 = 64
   64 x $.45 = $28.80

2. (d): $112,000 x .02 = $2,240

3. (d): $95,000 ÷ $100 = 950
   950 x $.30 = $285
   $95,000 − $68,000 = $27,000
   $27,000 ÷ $500 = 54
   54 x $.50 = $27
   $285 + $27 = $312

4. (a): $89.50 ÷ .50 = $179
   $179 x $500 = $89,500

5. (b): $84,000 ÷ $100 = 840
   840 x $.12 = $100.80
   840 x $.30 = $252
   $100.80 + $252 = $352.80

Capítulo 12

Prorrateos

Prorratear ciertos gastos de una transacción de bienes raíces es dividir *proporcionalmente* los gastos entre el vendedor y el comprador. Prorrateamos para dividir equitativamente los gastos actuales de una propiedad entre el comprador y el vendedor. Éste da dinero al comprador para gastos que todavía no se vencen, como el interés. El comprador da dinero al vendedor para gastos que el vendedor pagó por adelantado, pero que todavía no se han usado plenamente, como las primas de seguros de una póliza de seguro contra riesgos que se asumió. Los gastos que normalmente se prorratean al cerrar una transacción de bienes raíces son:

- impuestos *ad valorem*;
- interés del préstamo, cuando existe un préstamo;
- primas de seguro;
- rentas;
- gastos de mantenimiento; y
- propano, petróleo, carbón, etcétera.

Los pagos mensuales morosos, los cargos atrasados y los depósitos de seguridad no se prorratean, sino simplemente se transfieren del vendedor al comprador al cerrar la venta o se pagan a terceras partes a las que se deben, con las utilidades del vendedor. Los gastos prorrateados aparecen en un balance final como débitos o cargos a una de las partes y como créditos para la otra parte. Cualquier cargo prorrateado o débito prorrateado a una parte siempre es un crédito para la otra parte. Por ejemplo, un cargo al vendedor por impuestos *ad valorem* del 1° de enero hasta el cierre aparecerá como un crédito para el comprador.

Algunos de los gastos que se prorratean se pagan *por adelantado,* como las primas de seguro y los gastos de mantenimiento, y algunos se pagan *atrasados,* como los impuestos y los intereses. Los gastos pagados por adelantado se cubren antes de que una parte reciba el beneficio o incurra en el gasto. Los gastos pagados con atraso los cubrirá en su totalidad el comprador, en una fecha posterior.

También debe aclararse que los prorrateos pueden efectuarse *al* o *incluyendo* el día del cierre. El acuerdo de compra (contrato del anticipo) entre el comprador y el vendedor debe especificar qué parte pagará los gastos del día real de cierre. Cuando un gasto se prorratea *al* cierre, el comprador paga por el día de cierre. Cuando un gasto se prorratea *incluyendo* el cierre, el vendedor paga por el día de cierre.

Al calcular los prorrateos, en algunas áreas se usa normalmente un año *bancario* o *legal.*

$$1 \text{ año} = 12 \text{ meses de } 30 \text{ días}$$
$$1 \text{ año} = 360 \text{ días}$$

Otras áreas usan un año *calendario* para calcular los prorrateos.

$$1 \text{ año} = 12 \text{ meses de } 28 \text{ a } 31 \text{ días}$$
$$1 \text{ año} = 365 \text{ días en un año calendario } regular$$
$$366 \text{ días en un año bisiesto}$$

Al terminar de leer este capítulo, podrá calcular con exactitud los prorrateos de impuestos, intereses, seguros y rentas usando el año de 360 días y el de 365 días.

Ejercicios de calentamiento

1. El señor Hernández vende su casa. Hizo un pago mensual de la hipoteca el 1° de julio, con el que pagó los intereses hasta el 30 de junio. Su saldo principal es actualmente $22,450.40; la tasa de interés es del 11%. El cierre está fijado para el 21 de julio y el comprador asumirá el préstamo. ¿Qué interés acumulado se acreditará al comprador? (Prorratee durante la fecha de cierre usando un año calendario regular.)

   a) $141.70   b) $144.06   c) $142.08   d) $146.04

2. Patsy Miller tiene una póliza de seguro de un año que expira el 14 de diciembre. La póliza se compró con un costo de $959. Calcule el prorrateo de la prima que el comprador deberá al vendedor al cerrarse la venta el 18 de junio. (Prorrateo durante la fecha de cierre usando un año bancario.)

   a) $468.16   b) $677.13   c) $463.52   d) $466.18

3. Nancy Oliva vende su casa, la cual tiene un apartamento en la cochera que renta por $465 al mes. Si la renta se pagó el 1° de septiembre, ¿qué cantidad se le cargará a la señora Oliva durante el día del cierre de la venta por el prorrateo de la renta? (El cierre de la venta es el 18 de septiembre.)

   a) $279   b) $186   c) $270   d) $180

Para todos los problemas de prorrateo, debe determinar

- el costo anual (costo mensual por renta);
- el número de días que se cargarán;
- la cantidad que se acreditará o se deberá;
- la parte que recibirá el crédito; y
- la parte que recibirá el débito.

Las gráficas siguientes crean líneas de tiempo para mostrar
el periodo que se prorrateará para impuestos, intereses,
seguro, renta y cuotas de mantenimiento. En la Gráfica 12.1
se prorratea *incluyendo* el día del cierre, lo que significa que
el vendedor paga los gastos de dicho día. En la Gráfica 12.2
se prorratea *al* día del cierre, lo que significa que el comprador paga los gastos del día del cierre.

GRÁFICA 12.1

Prorrateos durante el día del cierre

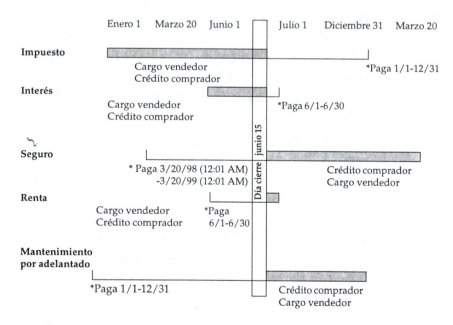

* Indica cuando el cargo se paga normalmente.

GRÁFICA 12.2

Prorrateos al día del cierre

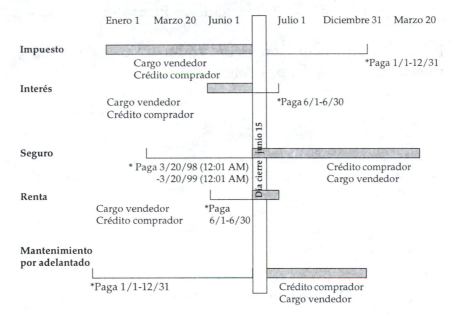

* Indica cuando el cargo se paga normalmente.

Prorrateo de impuestos

Al prorratear los impuestos ad valorem, calcule la cantidad de dinero que pagará el vendedor al comprador por esa fracción del año que el vendedor posea la casa. Los impuestos se pagan generalmente *atrasados* y representan un *cargo* al vendedor y un *crédito* para el comprador. Siga los tres pasos siguientes:

Paso 1. Determine el número de días que se cargarán al o durante la fecha de cierre.

Paso 2. Calcule la cantidad en dinero por día.

$$\text{Impuesto anual} \div \text{Días del año} = \$ \text{ por día}$$

Paso 3. Calcule el prorrateo multiplicando el total del paso 2 por el total del paso 1.

$ por día x Días vencidos = Prorrateo

Puede copiar lo siguiente para ayudarse a calcular el impuesto *ad valorem* del prorrateo:

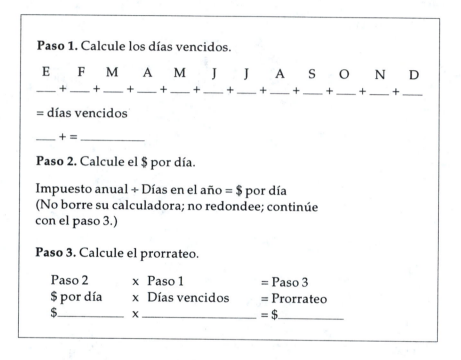

Paso 1. Calcule los días vencidos.

E   F   M   A   M   J   J   A   S   O   N   D
___ + ___ + ___ + ___ + ___ + ___ + ___ + ___ + ___ + ___ + ___ + ___

= días vencidos

___ + = _____

Paso 2. Calcule el $ por día.

Impuesto anual ÷ Días en el año = $ por día
(No borre su calculadora; no redondee; continúe
con el paso 3.)

Paso 3. Calcule el prorrateo.

Paso 2   x Paso 1   = Paso 3
$ por día   x Días vencidos   = Prorrateo
$_____   x _____   = $_____

Ejemplo: Utilice un año bancario o legal para prorratear los impuestos para un cierre el 18 de junio, si la boleta predial anual es de $1,440 y está prorrateada durante el día de cierre.

Paso 1.   E   F   M   A   M   J
          30 + 30 + 30 + 30 + 30 + 18 = 168 días vencidos

Paso 2.   Impuesto anual ÷ Días en el año = $ por día
          $1,440 ÷ 360 = $4 por día

Paso 3. $ por día x Días vencidos = Prorrateo
$4 x 168 = $672 débito vendedor/crédito
comprador

Si se utiliza un año de calendario regular, resultaría así:

Paso 1. E   F   M   A   M   J
31 + 28 + 31 + 30 + 31 + 18 = 169 días vencidos

Paso 2. Impuesto anual ÷ Días en el año = $ por día
$1,440 ÷ 365 = $3.94521 por día

Paso 3. $ por día x Días vencidos = Prorrateo
$3.94521 x 169 = $666.74 débito vendedor/crédi-
to comprador (redondeado)

Ahora, inténtelo usted.

Para un cierre el 28 de agosto, ¿qué cargará al vendedor, si la boleta predial anual es por $1,680 y el prorrateo
se calculó durante el día del cierre?

Año bancario:

Paso 1. E   F   M   A   M   J   J   A
___ + ___ + ___ + ___ + ___ + ___ + ___ + ___ = _____
días vencidos

Paso 2. Impuesto anual ÷ Días en el año = $ por día
$ _____ ÷ _____ = $ _____

Paso 3. $ por día x Días vencidos = Prorrateo
$ _____ x _____ = _____ débito vendedor/
crédito comprador

Año calendario (regular):

Paso 1. E   F   M   A   M   J   J   A
___ + ___ + ___ + ___ + ___ + ___ + ___ + ___ = _____
días vencidos

Paso 2. Impuesto anual ÷ Días en el año = $ por día
$ _____ ÷ _____ = $ _____

Paso 3. $ por día x Días vencidos = Prorrateo
$ _____ x _____ = _____

débito vendedor/crédito comprador

Coteje sus respuestas:

Año bancario:

Paso 1. E   F   M   A   M   J   J   A
$\underline{30}$ + $\underline{30}$ + $\underline{30}$ + $\underline{30}$ + $\underline{30}$ + $\underline{30}$ + $\underline{30}$ + $\underline{28}$ =
$\underline{238}$ días vencidos

Paso 2. Impuesto anual ÷ Días en el año = $ por día
$ 1,680   ÷   360   = $4.66667

Paso 3. $ por día x Días vencidos = Prorrateo
$ 4.66667 x   238   = $1,110.67 débito vendedor/
crédito comprador

Año calendario (regular):

Paso 1. E   F   M   A   M   J   J   A
$\underline{31}$ + $\underline{28}$ + $\underline{31}$ + $\underline{30}$ + $\underline{31}$ + $\underline{30}$ + $\underline{31}$ + $\underline{28}$ =
$\underline{240}$ días vencidos

Paso 2. Impuesto anual ÷ Días en el año = $ por día
$ 1,680   ÷   365   = $4.60274

Paso 3. $ por día x Días vencidos = Prorrateo
$ 4.60274 x   240   = $1,104.66 débito vendedor/
crédito comprador

Si el contrato de compra requirió que los impuestos se prorratearan *al* día del cierre, cada uno de los ejemplos anteriores costaría al vendedor un día menos.

Los ejemplos anteriores y los problemas siguientes asumen que los impuestos se pagaron atrasados. Cuando los impuestos se pagan antes de la fecha del cierre, cuente los días desde éste (prorrateados al mismo) o desde el día después del cierre (prorrateados incluyendo el mismo) hasta el término del periodo por el que se pagaron los impuestos por adelantado. Divida la boleta predial entre el número de días en el año y multiplique por el número de días que se cargarán. Cuando los impuestos se hayan pagado por adelantado, haga un débito al comprador y un crédito al vendedor.

1. Utilice un año de calendario regular para prorratear los impuestos para un cierre el 30 de noviembre, sobre la casa del señor Landeros, que tiene una boleta predial anual de $2,840. El contrato de compra indica que el señor Landeros pagará incluyendo el día de cierre.

2. Carlos Davidson vende su casa a Erica Miller, quien aceptó que todos los prorrateos se calcularan al día del cierre. Si la casa del señor Davidson está valuada en $189,400 y la tasa tributaria combinada es $3.34 por $100 de valuación, ¿cuánto pagará el señor Davidson al cerrar la venta el 23 de mayo? (Use un año bancario.)

Cómo prorratear el interés sobre los préstamos que se asumen

El interés sobre los préstamos se paga *atrasado*. Por lo general, el pago del préstamo del vendedor vence el primer día del mes e incluye el cargo del interés del mes anterior. Por ejemplo, si tiene programado el cierre para el 23 de marzo, cargará al vendedor 23 días de interés y los acreditará al comprador. Esto es porque el pago del 1° de abril, que pagará el comprador cuando asuma el préstamo, incluirá el cargo de interés por todo el mes de marzo.

Al igual que con el prorrateo de impuestos, es importante leer el contrato de compra para ver si los prorrateos serán *al* o *incluyendo* el día del cierre. En los ejemplos siguientes, el vendedor paga por el día del cierre (durante). Si calculara *al* día del cierre, cargaría al vendedor un día menos.

Una vez más necesitará utilizar tres pasos para prorratear el interés sobre los préstamos asumidos:

Paso 1. Determine el número de días que se cargará a la fecha del cierre o incluyendo ésta.

Paso 2. Calcule la cantidad en dinero por día.
Saldo del préstamo x Tasa de interés anual ÷ Días en el año = $ por día

Paso 3. Calcule el prorrateo multiplicando el total del paso 2 por el total del paso 1.
$ por día x Días vencidos = Prorrateo, débito vendedor/crédito comprador

Puede copiar lo siguiente para ayudarse a calcular el prorrateo del interés:

Paso 1. Calcule los días vencidos.

Cuente los días desde el último pago al cierre o incluyendo éste.

Paso 2. Calcule el $ por día.

Saldo del préstamo x Tasa de interés anual ÷ Días en el año = $ por día
(No borre su calculadora; no redondee; siga con el paso 3.)

Paso 3. Calcule el prorrateo.

Paso 2	x Paso 1	= Prorrateo
$ por día	x Días vencidos	= Prorrateo
$ _____	x _____	= $ _____

Ejemplo: Use un año bancario para calcular el prorrateo del interés de un préstamo sin amortizar con un saldo de $103,680 y una tasa de interés anual del 8%. (El cierre está programado para el 4 de abril y ya se hizo el pago del 1° de abril.)

Paso 1. Abril 4 = 4 días vencidos

Paso 2. Saldo del préstamo x Tasa de interés anual ÷ Días en el año = $ por día
$103,680 x .08 ÷ 360 = $23.04

Paso 3. $ por día x Días vencidos = Prorrateo
$23.04 x 4 = $92.16 débito vendedor/crédito comprador

Si se utiliza un año calendario regular, lo anterior quedaría así:

Paso 1. Abril 4 = 4 días vencidos

Paso 2. Saldo del préstamo x Tasa de interés anual ÷ Días en el año = $ por día
$103,680 x .08 ÷ 365 = $22.72438

Paso 3. $ por día x Días vencidos = Prorrateo
$22.72438 x 4 = $90.90 débito vendedor/crédito comprador

Ahora, inténtelo usted.

Para un cierre el 21 de noviembre, ¿qué crédito recibirá el comprador por el interés sobre un préstamo asumido, si el saldo del préstamo es de $68,374 y tiene una tasa de interés anual de .25%? (El contrato de compra indica que los prorrateos se calculen *al* día del cierre. Use un año calendario.)

Paso 1. Noviembre 21 = _____ días vencidos

Paso 2. Saldo del préstamo x Tasa de interés anual ÷ Días en el año = $ por día

$_____ x _____ ÷ _____ = $_____

Paso 3. $ por día x Días vencidos = Prorrateo

$ _____ x _____ = $_____ débito vende-
dor/crédito comprador

Coteje sus respuestas:

Paso 1. Noviembre 21 = 21 - 1 día = 20 días vencidos
El comprador paga por el día del cierre.

Paso 2. Saldo del préstamo x Tasa de interés anual ÷ Días en el año = $ por día
$68,374 x .0625 ÷ 365 = $11.70788

Paso 3. $ por día x Días vencidos = Prorrateo
$11.70788 x 20 = $234.16 débito vendedor/crédito comprador

3. Mario Murguía asumirá un préstamo con un saldo sin amortizar de $92,355 en el cierre del 16 de octubre. El contrato de compra indica que el vendedor pagará incluyendo el día del cierre. La tasa de interés anual sobre el préstamo es de $6\frac{7}{8}$ %. ¿Qué cantidad se cargará al vendedor al cierre usando un año calendario regular?

4. Prorratee el interés usando un año bancario para un cierre el 17 de marzo, si el saldo del préstamo es de $43,560, la tasa de interés es del 8.5% y el contrato de compra indica que todos los prorrateos se hagan al día del cierre.

Cómo prorratear el seguro

Las primas de seguro se pagan *antes* del periodo que cubre la póliza. Cuando un comprador asume una póliza de seguro al cierre, necesitará calcular el número de días no utilizados y cargar al comprador para que reembolse al vendedor la parte no utilizada de la prima.

Una vez más, usaremos un proceso de tres pasos para determinar el prorrateo del seguro. En nuestros ejemplos, el vendedor paga *incluyendo* el día del cierre. Si un contrato de venta indica que los prorrateos se hagan *al* día del mismo, añadirá un día cuando calcule los días vencidos.

Los tres pasos son los siguientes:

Paso 1. Calcule el número de días desde el cierre hasta el día en que expira la póliza.

Paso 2. Calcule la cantidad en dinero por día.
Prima anual ÷ Días en el año = $ por día

Paso 3. Calcule el prorrateo multiplicando el total del paso 2 por el total del paso 1.
$ por día x Días vencidos = Prorrateo

Puede copiar lo siguiente para ayudarse a calcular los prorrateos del seguro:

Paso 1. Calcule los días vencidos.

Días en el mes del cierre - Fecha de cierre = Días vencidos en el mes del cierre

Días vencidos en el mes de cierre + Días en meses completos entre el cierre y la expiración + Fecha de expiración (prorratear a) o fecha antes de la expiración (prorratear incluyendo) = Total de días vencidos

_____ + _____ + _____ =
Días en el mes de cierre   Meses completos   Días en el mes de
                                                expiración

_____
Total de días

Paso 2. Calcule el $ por día.
Prima anual ÷ Días en el año = $ por día
(No borre su calculadora; no redondee; continúa con el paso 3.)

Paso 3. Calcule el prorrateo.
Paso 2   x Paso 1   = Prorrateo
$ por día   Días vencidos   Prorrateo
$_____   x _____   = $_____

Ejemplo: Un comprador asume la póliza anual del dueño de una casa, tomada el 27 de mayo de 1994,
por una prima anual de $456.25. ¿Qué cantidad
de dinero recibirá el vendedor del comprador al
cierre, para que le reembolse la porción no utilizada de la póliza? (El cierre se llevará a cabo el
5 de octubre de 1994 y el contrato de venta indica que los prorrateos se calculen incluyendo el
día del cierre.)

Año calendario (regular)

Paso 1. Días en el mes del cierre
- Fecha del cierre
Días vencidos en el mes del cierre
Oct. 31   N   D   E   F   M   A   M
-       5
$26 + 30 + 31 + 31 + 28 + 31 + 30 + 26 = 233$
días vencidos

Si el contrato de venta indicara un prorrateo *al* día del cierre, añadiría un día adicional, para un total de 234 días.

Paso 2. Prima anual ÷ Días en el año = $ por día
$456.25   ÷   365   = $1.25

Paso 3. $ por día x Días vencidos = Prorrateo
$1.25   x   233   = $291.25 débito com-
prador/crédito ven-
dedor

Año bancario:

Paso 1. Oct. 30
-       5   N   D   E   F   M   A   M
$25 + 30 + 30 + 30 + 30 + 30 + 30 + 26 = 231$ días
vencidos

Paso 2. Prima anual ÷ Días en el año = $ por día
$456.25   ÷   360   = $1.26736

Paso 3. $ por día x Días vencidos = Prorrateo
$1.26736 x   231   = $292.76 débito com-
                                  prador/crédito ven-
                                  dedor

Ahora resuelva dos problemas.

Utilice un año bancario para prorratear una póliza de seguro anual que asumió el comprador, que expirará el 23 de diciembre de 1996. (La transacción se cerrará el 21 de febrero de 1996. La prima anual que pagó el vendedor fue de $874. Prorratee incluyendo el día del cierre.)

Paso 1. Feb. 30
            -   21   M   A   M   J   J   A   S   O

            __ + __ + __ + __ + __ + __ + __ + __ +

                  N   D

            __ + __ = _____ días vencidos

Paso 2. Prima anual ÷ Días en el año = $ por día
            $_____ ÷ _____ = $ _____

Paso 3. $ por día x Días vencidos = Prorrateo
            $ _____ x _____ = $ _____ débito
comprador/crédito vendedor

Coteje sus respuestas:

Paso 1. Feb. 30
            -   21   M   A   M   J   J   A   S   O

            9 + 30 + 30 + 30 + 30 + 30 + 30 + 30 +

                  N   D

            30 + 22 = _301_ días vencidos

Paso 2. Prima anual ÷ Días en el año = $ por día

$\underline{\quad 874 \quad}$ ÷ $\underline{\quad 360 \quad}$ = $ $\underline{\quad 2.42778 \quad}$

Paso 3. $ por día x Días vencidos = Prorrateo

$\underline{2.42778}$ x $\underline{\quad 301 \quad}$ = $ $\underline{\quad 730.76 \quad}$ débito comprador/crédito vendedor

Use un año calendario para prorratear una póliza de seguro que se asumirá el 28 de agosto de 1995, al cierre. La póliza se tomó el 4 de octubre de 1994 y expirará a las 12:01 a.m. del 4 de octubre de 1995. El contrato del anticipo indica que todo se prorratee incluyendo el día del cierre. La prima pagada fue de $456.25.

Paso 1. Agosto 31

-        28   S   O

__ + __ + __ = _____ días vencidos

Paso 2. Prima anual ÷ Días en el año = $ por día

$_____ ÷ _____ = $ _____

Paso 3. $ por día x Días vencidos = Prorrateo

$ _____ x _____ = $_____ débito comprador/crédito vendedor

Coteje sus respuestas:

Paso 1. Agosto 31

-        28   S   O

$\underline{3}$ + $\underline{30}$ + $\underline{3}$ = $\underline{\quad 36 \quad}$ días vencidos

Paso 2. Prima anual ÷ Días en el año = $ por día

$ $\underline{\quad 456.25 \quad}$ ÷ $\underline{\quad 365 \quad}$ = $ $\underline{\quad 1.25 \quad}$

Paso 3. $ por día x Días vencidos = Prorrateo

$ ___1.25___ x _____36_____ = $ ____45____ débito

comprador/crédi-

dito vendedor

5. Mary Islas pagó $684 por una póliza tomada el 5 de abril. El comprador asumirá la póliza. Calcule el prorrateo incluyendo el día del cierre el 19 de diciembre, antes de un año bisiesto.

Cómo prorratear la renta

Cuando se cierra una transacción que incluye unidades de renta, sólo se prorratearán las rentas que se pagaron antes del día del cierre. Por lo general, las rentas se prorratean incluyendo el día del cierre. El vendedor dará la renta al comprador por los días después del cierre hasta el final del mes. Cualquier depósito de seguridad que conserve el vendedor no se prorrateará y deberá transferirlo al comprador al cierre. Se esperará que el comprador lo reembolse al arrendatario al terminar el contrato.

Hay tres pasos para prorratear la renta:

Paso 1. Calcular el número de días que debe el vendedor al comprador.
Total de días en el mes – Fecha del cierre = Días vencidos

Paso 2. Calcular la cantidad en dinero por día.
Renta mensual ÷ Días en el mes = $ por día

Paso 3. Calcular el prorrateo multiplicando el total del paso 2 por el total del paso 1.
$ por día x Días vencidos = Prorrateo

Ejemplo: Se vende una casa dúplex con un apartamento en la cochera y la venta se cerrará el 16 de sep-

tiembre. Todas las rentas de septiembre se pagaron. Cada lado de la dúplex renta $500 al mes
y el apartamento en la cochera renta $350 al mes.
Cada inquilino pagó el equivalente a un mes de
renta como depósito de seguridad. ¿Cuánto se
acreditará al comprador al cierre, usando un año
bancario?

Paso 1. Septiembre = <u>30</u> días
Cierre   <u>− 16</u>
                14 días vencidos

Paso 2. $500 + 500 + 350 = $1,350 renta mensual total
Renta mensual ÷ Días en el mes = $ por día
$1,350   ÷   30   = $45

Paso 3. $ por día x Días vencidos = Prorrateo
$45   x   14   = $630 débito vende-
                                                dor/crédito com-
                                                prador

El vendedor debe al comprador un total de $1,980 ($630
renta prorrateada + $1,350 depósito de seguridad).

Ahora resuelva usted un problema.
    Prorratee la renta de un edificio de cuatro apartamen-
tos que se cerrará el 23 de mayo. Tres unidades están ocupadas y el vendedor tiene un depósito de seguridad de
$200 por cada unidad. La renta de $400 al mes por unidad se pagó por el mes de mayo.

Paso 1. Mayo = _____ días
            Cierre − _____
                _____ días vencidos

Paso 2. Renta mensual ÷ Días en el mes = $ por día
            $_____ ÷ _____ = $ _____

Paso 3. $ por día x Días vencidos = Prorrateo

$_____ x _____ = $ _____

$ _____ depósito
de seguridad

$ _____ débito
vendedor/crédito
comprador

Coteje sus respuestas:

Paso 1. Mayo = ____31____ días

Cierre – ____23____

____.8____ días vencidos

Paso 2. Renta mensual ÷ Días en el mes = $ por día

$____1,200____ ÷ ____31____ = $ __38.70968__

Paso 3. $ por día x Días vencidos = Prorrateo

$38.70968 x _____8_____ = $ 309.68

$ 600.00 depósito
de seguridad

$ 909.68 débito
vendedor/crédito
comprador

6. Felipe Durán compra una casa dúplex a Luisa Lara. La fecha de cierre es el 11 de agosto. ¿Qué crédito recibirá si los dos inquilinos pagaron su renta el 1° de agosto? (La unidad superior renta $1,250 y la de abajo, $1,650.)

7. Prorratee la renta de un apartamento en la cochera para un cierre el 16 de febrero, en un año bisiesto, si se renta en $500 por mes y la renta de febrero ya se pagó.

Cómo prorratear las cuotas de mantenimiento

Los pagos de la asociación de dueños de casas y las cuotas de mantenimiento se pagan casi siempre *por adelantado* en enero, para todo el año. Sin embargo, estos cargos pueden gravarse y cobrarse mensual, trimestral o anualmente. Los problemas en esta sección ilustrarán los pagos anuales. Para prorratear, utilice los tres pasos siguientes:

Paso 1. Calcule el número de días desde el cierre hasta el último día de diciembre.

Paso 2. Calcule la cantidad en dinero por día.
Cuota anual ÷ Días en el año = $ por día

Paso 3. Calcule el prorrateo multiplicando el total del paso 2 por el total del paso 1.
$ por día x Días vencidos = Prorrateo

Ejemplo: La cuota de mantenimiento anual de $250 se pagó el 1º de enero. ¿Cuánto acreditará al vendedor por un cierre el 15 de septiembre, usando un año bancario, si el vendedor paga incluyendo el día del cierre?

Paso 1. Septiembre = 30 días
$$- \underline{15} \quad O \quad N \quad D$$
15 +30 + 30 + 30 = 105 días vencidos

Paso 2. Cuota anual ÷ Días en el año = $ por día
$250   ÷   360   = $.69445

Paso 3. $ por día x Días vencidos = Prorrateo
$.69445 x   105   = $72.92 débito comprador / crédito vendedor

Ahora, resuelva usted un problema.

Las cuotas anuales de la asociación de dueños de casas por $360 se pagaron en enero. ¿Cuánto se le cargará al comprador por un cierre el 28 de julio, usando un año de calendario regular, si los prorrateos se calculan incluyendo el día del cierre?

Paso 1. Julio   = _____ días

Cierre – _____   A   S   O   N   D

_____ + __ + __ + __ + __ + __=

_____ días vencidos

Paso 2. Prima anual ÷ Días en el año = $ por día

$_____ ÷ _____ = $ _____

Paso 3. $ por día x Días vencidos = Prorrateo

$ _____ x _____ = $ _____ débito comprador/crédito vendedor

Coteje sus respuestas:

Paso 1. Julio   = ___31___ días

Cierre – ___28___   A   S   O   N   D

___3___ + 31 + 30 + 31 + 30 + 31=

__156__ días vencidos

Paso 2. Prima anual ÷ Días en el año = $ por día

$__360__ ÷ __365__ = $ _.98630_

Paso 3. $ por día x Días vencidos = Prorrateo

$ _.98630_ x __156__ = $ _153.86_ débito comprador/crédito vendedor

Cómo prorratear los pagos diversos

Para pagos diversos, como el gas propano o el petróleo, calcule el valor del producto que queda en el tanque y haga un cargo al comprador y un crédito al vendedor.

Ejemplo: Quedan treinta galones de petróleo en el tanque al cierre. Si el vendedor pagó $1.10 por galón, cuando llenó el tanque, el comprador debe al vendedor 20 veces $1.10 o $33 por el petróleo que recibe.

Problemas para práctica adicional

Cuando haya terminado estos problemas, coteje sus respuestas. Si falla en alguno, repase lo visto antes de pasar al capítulo 13.

1. Una casa con un valor comercial de $175,000 se valuó al 82% de su valor. La tasa tributaria fue $4.20 por $100. Calcule el prorrateo del impuesto durante el día del cierre, usando un año bancario para un cierre el 1° de junio.

   a) $2,493.36   b) $2,486.54   c) $2,527.99   d) $2,025.74

2. Los impuestos anuales de la casa de Sara López son $1,837.50. Para una fecha de cierre el 21 de mayo, ¿cuál será la cantidad prorrateada, usando un año bancario? (El vendedor pagará por el día del cierre.)

   a) $720.29   b) $718.56   c) $713.82   d) $719.69

3. Luisa Tamayo comprará una casa a Héctor Casas, que fue valuada en $71,400 para propósitos fiscales. Si la tasa tributaria es $2.17 por $100 y la venta se cerrará el 12 de septiembre en un año bisiesto, ¿cuál será el prorrateo del impuesto, usando un año calendario y prorrateando al día del cierre?

   a) $1,078.17   b) $1,082.44   c) $1,079.49   d) $1,097.48

4. Después de que se hizo el pago mensual que venció el 1° de enero, $66,600 es el saldo sin pagar de la hipoteca asumible del 8% del vendedor. El comprador asumió la hipoteca del vendedor y el cierre se fijó para el 16 de ene-

ro. Encuentre la cantidad de interés acumulado, usando un año legal y prorrateando al día del cierre.

a) $233.56   b) $218.96   c) $222.00   d) $232.92

5. Utilice una tasa de interés del 8.5% sobre el saldo de una hipoteca sin amortizar de $102,743.50, y calcule el prorrateo sobre una supuesta venta con una fecha de cierre del 21 de junio. El pago del 1° de junio se efectuó y la reducción principal se refleja en el saldo anterior. Use un año calendario regular para calcular el prorrateo incluyendo el día del cierre.

a) $502.46   b) $501.09   c) $478.53   d) $455.74

6. Después de que se hizo el pago del 1° de agosto, el saldo de la hipoteca de Susana Siller era de $120,853. Su pago mensual de $1,160 incluye el principal y el interés únicamente sobre un préstamo con el 7 $\frac{3}{4}$ por año. La venta de su casa se cerrará el 29 de agosto. ¿Cuál será el prorrateo durante el cierre, usando un año bancario?

a) $742.12   b) $728.48   c) $744.16   d) $754.49

7. La prima de $673 se pagó en su totalidad para una póliza de seguro anual que expira el 21 de mayo. La venta de la casa está programada para cerrarse el 1° de febrero. Calcule el prorrateo incluyendo el día del cierre y usando un año legal.

a) $203.77 débito comprador/crédito vendedor
b) $203.77 débito vendedor/crédito comprador
c) $469.23 débito vendedor/crédito comprador
d) $469.23 débito comprador/crédito vendedor

8. Francisco Flores compró una póliza anual de propietario el 12 de enero y pagó la prima de $730 en su totalidad. Vendió la casa y cerró la venta el 23 de octubre. ¿Cuál fue el crédito del señor Flores al cierre, usando un año calendario regular, si el comprador asumió la póliza y ésta se prorrateó al día del cierre?

a) $162.00   b) $568.00   c) $164.25   d) $565.75

9. Raymundo Tomás pagó la prima de seguro de $844 por una póliza anual, el 18 de marzo. Venderá su casa y cerrará la venta el 26 de noviembre. Cuando el comprador asuma la póliza, ¿cuál será la cantidad prorrateada, usando un año calendario regular, si el señor Tomás paga incluyendo el día del cierre?

   a) $253.66   b) $256.67   c) $260.23   d) $254.36

10. Un complejo habitacional contiene 100 casas, de las cuales 50 tienen una habitación y rentan $600 por mes; 30 tienen dos habitaciones y rentan $825 mensuales; 20 casas tienen tres habitaciones y rentan $1,100 mensuales. Prorratee la renta para un cierre en un año bisiesto, el 18 de febrero, asumiendo que todas las casas están ocupadas y pagaron la renta de febrero.

   a) $30,151.79   c) $27,410.71
   b) $29,112.07   d) $26,465.52

Clave de respuestas

Soluciones: Ejercicios de calentamiento

1. (c): $22,450.40 x .11 ÷ 365 = $6.765874 x 21 = $142.08

2. (d): Junio   J   A   S   O   N   D
            30 - 18 = 12 + 30 + 30 + 30 + 30 + 30 + 13 = 175
            $959 ÷ 360 = $2.6638889 x 175 = $466.18

3. (b): 30 - 18 = 12
            $465 ÷ 30 = $15.50
            $15.50 x 12 = $186

Soluciones: Problemas del capítulo

1. E   F   M   A   M   J   J   A   S   O   N
   $31 + 28 + 31 + 30 + 31 + 30 + 31 + 31 + 30 + 31 + 30 = 334$
   $\$2,840 \div 365 = \$7.7808219$
   $\$7.7808219 \times 334 = \$2,598.79$ débito vendedor/crédito comprador

2. $\$189,400 \div 100 \times \$3.34 = \$6,325.96$
   E   F   M   A   M
   $30 + 30 + 30 + 30 + 22 = 142$
   $\$6,325.96 \div 360 = \$17.57211$
   $\$17.57211 \times 142 = \$2,495.24$ débito vendedor/crédito comprador

3. $\$92,355 \times .06875 \div 365 = \$17.39563$
   $\$17.39563 \times 16 = \$278.33$ débito vendedor/crédito Murguía

4. $\$43,560 \times .085 \div 360 \times \$10.285$
   $\$10.285 \times 16 = \$164.56$ débito vendedor/crédito comprador

5.   E   F   M   A
   Diciembre $31 - 19 = 12 + 31 + 29 + 31 + 4 = 107$
   $\$684 \div 366 = \$1.8688525$
   $\$1.8688525 \times 107 = \$199.97$ débito comprador/crédito Islas

6. Agosto $31 - 11 = 20$
   $\$1,250 + 1,650 = \$2,900$
   $\$2,900 \div 31 = \$93.54839$
   $\$93.54839 \times 11 = \$1,029.03$ débito Lara/crédito Durán

7. Febrero $29 - 16 = 13$
   $\$500 \div 29 = \$17.24138$
   $\$17.24138 \times 13 = \$224.14$ débito vendedor/crédito comprador

Soluciones: Problemas para práctica adicional

1. (c): $\$175,000 \times .82 \div 100 \times \$4.20 = \$6,027$
   E   F   M   A   M   J
   $30 + 30 + 30 + 30 + 30 + 1 = 151$
   $\$6,027 \div 360 = \$16.74167$
   $\$16.74167 \times 151 = \$2,527.99$ débito vendedor/crédito comprador

2. (d): E   F   M   A   M
   $30 + 30 + 30 + 30 + 21 = 141$
   $\$1,837.50 \div 360 = \$5.104667$
   $\$5.104667 \times 141 = \$719.69$ débito López/crédito comprador

3. (c): $71,400 ÷ 100 x $2.17 = $1,549.38

    E   F   M   A   M   J   J   A   S

    31 + 29 + 31 + 30 + 31 + 30 + 31 + 31 + 11 = 255

    $1,549.38 ÷ 366 = $4.23328

    $4.23328 x 255 = $1,079.49 débito Casas/crédito Tamayo

4. (c): $66,600 x .08 ÷ 360 = $14.80

    $14.80 x 15 = $222 débito vendedor/crédito comprador

5. (a): $102,743.50 x .085 ÷ 365 = $23.92657

    $23.92657 x 21 = $502.46 débito vendedor/crédito comprador

6. (d): $120,853 x .0775 ÷ 360 = $26.01697

    $26.01697 x 29 = $754.49 débito vendedor/crédito comprador

7. (a):   M   A   M

    Febrero 30 – 1 = 29 + 30 + 30 + 20 = 109

          $673 ÷ 360 = $1.86944

          $1.86944 x 109 = $203.77 débito comprador/crédito vendedor

8. (a):   N   D   E

    Octubre 31 – 23 = 8 + 30 + 31 + 12 = 81

          $730 ÷ 365 = $2

          $2 x 81 = $162 débito comprador/crédito Flores

9. (b):   D   E   F   M

    Noviembre 30 – 26 = 4 + 31 + 31 + 28 + 17 = 111

          $844 ÷ 365 = $2.31233

          $2.31233 x 111 = $256.67 débito comprador/crédito Tomás

10. (b):   50 x $600 = $30,000

        30 x $825 = $24,750

        <u>20</u> x $1,100 = <u>$22,000</u>

      100              $76,750

    Febrero 29 – 18 = 11

    $76,750 ÷ 29 = $2,646.5517

    $2,646.5517 x 11 = $29,112.07 débito vendedor/crédito comprador

Capítulo 13

DECLARACIONES DE CIERRE

El corredor de bienes raíces puede usar la información de este capítulo de dos maneras: (1) las declaraciones de cierre usualmente son preparadas por aquellos que de hecho cierran la transacción, aunque el corredor de bienes raíces o el vendedor siempre debe revisar su precisión antes del cierre; (2) el corredor profesional por rutina usa algo llamado *hojas netas* en cada designación de exclusiva, preparación de una oferta de un comprador y presentación de una oferta a un vendedor. Los vendedores novatos obviamente están muy interesados en la cantidad *neta* que obtendrán de la venta propuesta y los compradores en prospecto de igual modo están involucrados en su saldo *neto* al cierre. La generación de estas operaciones incluye la preparación de un documento similar a una declaración de cierre.

La declaración se usa para culminar una transacción de bienes raíces. Es el documento en el que registrará los prorrateos que aprendió a calcular en el capítulo 12. Básicamente, se trata de una hoja de balance en la que los débitos y créditos al comprador y vendedor se registran y, a partir de los totales, se determina la cantidad a deber por el comprador, así como la cantidad neta que el vendedor recibirá o debe pagar.

En este capítulo, calculará los prorrateos y aprenderá a introducirlos en una declaración de cierre. Los ejemplos usados son generalidades debido a que muchos de los gastos son negociables y pueden ser pagados por el comprador o el vendedor. Por ejemplo, dependiendo del área, los corredores, abogados o compañías de seguros de derechos por rutina pueden cerrar las transacciones de bienes raíces. En este texto, las compañías de derechos se considerarán como quienes hacen el cierre y los ejemplos y problemas se tratarán de acuerdo con ello, aun cuando ésta no sea la práctica en su área.

La declaración de cierre es el cálculo financiero más importante de una transacción de bienes raíces y no existe una forma rápida de determinar si sabe cómo llenar una. Por tanto, no proporcionamos ejercicios de calentamiento para este material. Se recomienda a todos los lectores trabajar a lo largo de todo el capítulo.

Formas de declaración de cierre

Cada transacción de bienes raíces que incluya el traspaso de propiedad requiere la preparación de una forma escrita llamada *declaración de cierre* o *convenio*.

La declaración de cierre se usa para "saldar los libros". Es una manera de calcular cuánto dinero se debe o queda de saldo, tomando en cuenta todos los factores. En lugar de intercambiar el dinero para cada parte de la transacción, las cantidades se introducen por separado en la declaración de cierre. Posteriormente se salda toda la declaración para determinar la cantidad total a deber. Así, sólo existe un intercambio de dinero y la declaración de cierre funciona como un resumen de las entradas y los desembolsos de la transacción. Por ejemplo, si los vendedores tienen 40 galones (120 litros) de combustible en su tanque al día del cierre, podrían extraerlo o pedirle al comprador su valor en efectivo. En cambio, el valor se introduce en la declaración de cierre como un *crédito* al *vendedor* y como un *débito* o *cargo* al *comprador*, quien le debe al vendedor esa cantidad.

Las cantidades cargadas al comprador aumentan el costo de adquisición de la propiedad. Las cantidades que el vendedor debe al comprador se introducen como créditos para el comprador y disminuyen el neto de la venta. Las ecuaciones generales para las declaraciones de cierre son las siguientes:

Cargos del comprador - Créditos del vendedor = Efectivo que el comprador debe al cierre

Créditos del vendedor - Cargos de comprador = Efectivo que el vendedor recibe al cierre

> Un *DÉBITO* toma dinero De.
> Un *CRÉDITO* da dinero A.

Créditos

Consideremos quién recibe el crédito de ciertos elementos. Los elementos acreditados al *comprador* pueden incluir

- el depósito o enganche (considerado como un pago parcial);
- el saldo existente del préstamo, cuando lo asume el comprador;
- partidas, como impuestos prediales, que se han acumulado o se están acumulando, pero todavía no se vencen o pagan y por las cuales el vendedor tiene un débito, o cargo, al cierre (véase el capítulo 12);
- ingresos no devengados (ingresos, como rentas, cobrados por adelantado, aunque todavía no devengados); y
- créditos de un préstamo nuevo que sacará el comprador.

Las partidas acreditadas al *vendedor* pueden incluir

- el precio de venta y
- partidas pagadas con anterioridad (partidas pagadas por adelantado, como la prima de una póliza de seguro contra incendio pagada durante un periodo que no se ha vencido totalmente o combustible disponible).

Observe que las partidas *acumuladas* son créditos para el comprador y las partidas *pagadas con anterioridad* son créditos para el vendedor.

1. En la siguiente tabla, revise las partidas que normalmente se acreditarían al comprador y aquellas que se acreditarían al vendedor.

	Crédito al comprador	Crédito al vendedor
a. Precio de venta de la propiedad ($100,000)		
b. Saldo de préstamo existente, asumido por el comprador ($40,500)		
c. Intereses hipotecarios acumulados, aunque todavía no vencidos en el préstamo asumido por el comprador ($300)		
d. Cuenta de reserva de impuesto de la propiedad ($600)		
e. Prima de la parte no vencida de la póliza de seguro ($320)		
f. Parte acumulada del impuesto predial ($450)		
g. Servicio de seguridad pagada con anterioridad ($175)		
h. Combustible en el tanque al día del cierre ($150)		
i. Prorrateo de la factura de agua, aún no vencida ($100)		
j. Rentas cobradas, mas no devengadas ($805)		
k. Depósitos de garantía del arrendatario ($2,000)		

La tabla del problema 2 muestra los créditos usados en el problema 1. Para cada uno de estos créditos, debe haber un débito, o cargo, para la otra parte, quien debe pagar por las partidas. Por ejemplo, el precio de venta es un crédito para el vendedor y debe ser un débito para el comprador.

> En este capítulo, el término *débito* significará un cargo, un gasto o un costo para ya sea el vendedor o el comprador.

2. Llene la siguiente tabla introduciendo la cantidad de cada débito en la columna de débito del comprador o el vendedor.

	Comprador		Vendedor	
	Débito	Crédito	Débito	Crédito
a. Precio de venta				$100,000
b. Saldo de préstamo asumido		$40,500		
c. Interés acumulado en préstamo asumido		300		
d. Cuenta de reserva de impuesto				600
e. Prorrateo de la prima de seguro				320
f. Parte acumulada del impuesto predial		450		
g. Servicio de seguridad pagado con anterioridad				175
h. Combustible en el tanque				150
i. Factura de agua acumulada prorrateada		100		
j. Rentas cobradas no devengadas		805		
k. Depósitos de garantía del arrendatario		2,000		

Registro de operaciones

Existen reglas definitivas que regulan el registro de las operaciones en una declaración de cierre de cuatro columnas. En el problema 2, usted siguió la Regla 1:

> Regla 1. El precio de venta y cada uno de todos los prorrateos de elementos acumulados y pagados con anterioridad entre el comprador y el vendedor se registran como un débito para una parte y como crédito para la otra.

Tres tipos de partidas se *registran una sola vez*: los débitos o créditos a una parte que no generan una segunda entrada. Dichas partidas se cubren en la Regla 2:

> Regla 2. • *Dinero a cuenta*: un crédito para el comprador. Este dinero lo depositó el comprador y por lo general lo retiene el corredor hasta el cierre, cuando se aplica al precio de compra. Este dinero no se acredita directamente al vendedor, sino que se vuelve parte del saldo a pagar al vendedor al cierre.
>
> • *Gastos del vendedor*: débitos para el vendedor. Éstos son gastos personales del vendedor —como la comisión del corredor, timbres fiscales de traspaso, etc.— que no tienen que ver con el comprador.
>
> • *Gastos del comprador*: débitos para el comprador. Éstos son gastos de terceras personas por parte del comprador —como la cuota para registrar la escritura del vendedor y la cuota del prestamista para la transferencia del saldo del préstamo del vendedor— que no afecten al vendedor.

3. Usando la siguiente forma, indique qué partidas se registran una vez y qué partidas se registran dos veces. Marque también la manera de hacerlo.

	Registrada una vez	Registrada dos veces	Cómo se registró			
		Débito y crédito	Crédito del vendedor	Débito del vendedor	Crédito del comprador	Débito del comprador
Precio de venta						
Depósito o enganche						
Saldo del préstamo asumido						
Interés sobre préstamo asumido						
Prorrateo del impuesto predial *						
Combustible en el tanque						
Cuota de registro de la escritura del vendedor						
Comisión del vendedor al corredor						
Costo para el comprador de la investigación de la escritura						

* No se han pagado los impuestos a la fecha de cierre.

Tipos de registros

La siguiente lista muestra todos los registros incluidos en la preparación de una declaración de cierre de cuatro columnas, agrupadas por tipo de entrada, y cómo por lo regular se cargan y acreditan cada uno. Pueden diferir las leyes locales.

a) *Precio de compra*: se carga al comprador y acredita al vendedor.

b) *Pago a cuenta o enganche*: se acredita únicamente al comprador.

c) *Saldo de préstamo asumido e interés acumulado*: se carga al vendedor y se acredita al comprador. (Los réditos de una *hipoteca nueva* obtenida por el comprador, sin gravamen, se acreditan al comprador *sin* un débito correspondiente al vendedor debido a que el comprador recibe este dinero por parte del prestamista. La hipoteca existente del vendedor posteriormente se debe compensar por medio de un débito al vendedor.)

d) *Préstamo para compra*: se acredita al comprador, quien asume una obligación de futuros pagos; también se carga al vendedor, quien acepta el pagaré en lugar del efectivo.

e) *Prorrateos*: se cargan a una parte y acreditan a la otra.

Partidas cargadas al comprador y acreditadas al vendedor

- Primas de seguros pagadas con anterioridad
- Impuestos prediales pagados con anterioridad, cuando aplica
- Saldo de la cuenta de reserva de seguros e impuestos
- Carbón o combustible disponible
- Utilidades pagadas con anterioridad
- Propiedad personal adquirida por el comprador

Partidas cargadas al vendedor y acreditadas al comprador

- Capital de préstamo asumido por el comprador
- Interés acumulado sobre préstamo asumido existente aún sin pagar
- Parte acumulada del impuesto predial aún sin vencer
- Parte no devengada de la renta cobrada por adelantado
- Salarios acumulados del personal (como conserje o gerente)
- Depósitos en garantía del arrendatario

Se pueden incluir otras partidas, dependiendo de las costumbres de su área.

f) *Los gastos cargados al vendedor o comprador*: que va a desembolsar la persona que hace el cierre.

Débitos para el vendedor

- Comisión del corredor
- Cuota legal para retirar la escritura
- Gastos de propiedad requeridos por el contrato de venta
- Puntos de descuento del préstamo
- Reparaciones (según lo requiera el contrato de venta)
- Cuotas de utilidad del préstamo
- Cuota de clasificación para la liberación del gravamen
- Cuotas de descuento de préstamo (si lo requiere el prestamista y de acuerdo con lo negociado en el contrato de venta)

Débitos para el comprador

- Cuota de transferencia o traspaso (cuando el comprador asume un préstamo existente)
- Investigación (si lo requiere el prestamista)
- Cuotas de registro de escritura e hipoteca
- Cuota de apertura del préstamo
- Copias certificadas de las restricciones de la escritura
- Reporte del crédito
- Fotos de la propiedad
- Impuestos, seguros e intereses pagados con anterioridad
- Prima del seguro hipotecario (cuando lo requiera el prestamista)
- Prima del seguro contra inundaciones/prima del seguro del propietario de la casa
- Honorarios de avalúo
- Inspecciones de termitas, o fallas estructurales, mecánicas y ambientales

Débitos para la parte responsable y compartidos por el vendedor y el comprador

- Impuesto de traspaso

- Costo del seguro de propiedad o estudios de la propiedad
- Honorarios legales
- Honorarios de inspección

Se pueden incluir otras partidas, dependiendo de las leyes regionales y las provisiones del contrato de venta.

La preparación de una declaración de cierre de cuatro columnas es similar a la preparación de declaraciones de cierre por separado para el vendedor y el comprador. Estas declaraciones consisten en débitos y créditos. Un *débito es un cargo* o una cantidad que la parte a la que se le está cargando debe y por ello debe pagar de los réditos del cierre. Un *crédito es una cantidad registrada a favor de una parte*, que la parte a la que se le está acreditando ya pagó o promete pagar, en la forma de un pagaré de un préstamo o por el cual la parte deberá ser reembolsada. Cuando los débitos del comprador hayan sido registrados y totalizados, se restan los créditos del comprador de los débitos. Esto determinará la cantidad neta de efectivo que el comprador debe pagar para cerrar la compra. La diferencia entre los créditos y débitos totales del vendedor representa la cantidad del saldo a pagar al vendedor al cierre.

4. Examine la siguiente situación, después introduzca las partidas en la forma proporcionada y determine (1) la cantidad que el comprador deberá al cierre y (2) la cantidad que el vendedor recibirá al cierre.

   Se vendió una casa en $240,000 y el comprador dejó un depósito a cuenta de $20,000 con su corredor de bienes raíces. El vendedor acordó pagar al corredor una comisión del 7% sobre el precio de venta.

	Comprador		Vendedor	
	Débito	Crédito	Débito	Crédito
Precio de venta				
Depósito				
Comisión del corredor				
Subtotal				
Saldo a cargo del comprador al cierre				
Saldo a favor del vendedor al cierre				
Total				

5. Ahora prepare una declaración de cierre completa calculando los prorrateos y registrando las demás operaciones necesarias para la transacción de bienes raíces que se presenta a continuación. Fundamente los prorrateos con base en un año bancario y prorratee al día de cierre. Use una forma en blanco como la que se muestra en la página 231, después compare su declaración con la clave de respuestas al final del capítulo.

- Los vendedores son Lester N. Smith y Mary B. Smith, 216 West Park, Pleasantown. Están vendiendo la propiedad localizada en esa dirección.
- El corredor de los vendedores es Homestead Realty.
- Los compradores son Mark T. Haney y Liza A. Haney, 1313 Grove Avenue, Pleasantown.
- El contrato de venta tiene fecha del 28 de junio.
- La fecha de cierre es el 14 de julio.
- El precio de venta es $135,000.
- El depósito es de $6,000.
- Los compradores asumirán la hipoteca de los vendedores, incluyendo el 9% de interés. El saldo del principal del préstamo después del pago del 1° de julio es $87,500.
- Los impuestos prediales anuales son $2,648.
- La cuenta de reserva de impuestos de $1,986 la retiene el prestador de la hipoteca.

- Los vendedores pagaron $1,440 por una póliza de seguro contra incendio a un año, que vence el 8 de abril del año siguiente y que asumirán los compradores.
- Los compradores tendrán un cargo por una cuota de traspaso de 1 punto por parte del prestador de la hipoteca, que es el costo del cambio de registros para mostrar su obligación respecto del préstamo hipotecario de los vendedores.
- Los compradores deben pagar al registro municipal $25 para registrar la escritura de los vendedores.
- La comisión de venta es el 5.75% del precio de venta bruto.
- La cuota de $1,350 por la investigación de la escritura de los vendedores y la póliza de propiedad del propietario será pagada por los vendedores.
- El impuesto de traspaso en este ejemplo es con base en una tarifa de $.50 por cada $500 o fracción del precio de venta en exceso de la hipoteca asumida.
- Recuerde, las dos columnas "del comprador" siempre deben saldar, al igual que lo deben hacer las dos columnas "del vendedor". No hay necesidad de comparar los totales de ambas declaraciones.

Importante: para este problema, calcule los prorrateos con base en un año de 360 días. Cuando calcule el número de días, use el número real de días en el mes del cierre, al o incluyendo la fecha de cierre. Sin embargo, puede variar según las leyes locales.

Use el siguiente espacio para sus cálculos.

HOJA DE TRABAJO DE DECLARACIÓN
DE CONVENIO

Fecha de convenio _____	Declaración del comprador		Declaración del vendedor	
	Débito	Crédito	Débito	Crédito
Precio de compra				
Depósito				
Saldo de préstamo asumido				
Interés sobre préstamo asumido				
Impuestos prediales a la fecha				
Reserva de impuestos				
Prorrateo de prima de seguro				
Gastos del comprador:				
Cuota de traspaso de hipoteca				
Cuota de registro				
Gastos del vendedor:				
Investigación de la escritura				
Comisión del corredor				
Impuesto de traspaso				
Subtotal				
Saldo a cargo del comprador				
Saldo a favor del vendedor				
Totales				

Conciliación

La declaración de cuatro columnas contiene cifras completas y exactas de las cantidades netas que el comprador debe pagar después de deducir los gastos del comprador y que el vendedor recibirá después de pagar la comisión del corredor y otros gastos suyos.

Es necesario preparar siempre una recapitulación o conciliación para asegurarse de que todas las cifras de la declaración se manejen correctamente y no se pague más de lo que se recibió.

6. Usando la información del problema 5, llene los espacios en la siguiente tabla para (1) el saldo a cargo del comprador, (2) el saldo a favor del vendedor y (3) los totales.

DECLARACIÓN DE CONCILIACIÓN
DEL CERRADOR

Elementos	Entradas	Desembolsos
Depósito	$6,000.00	
Saldo a cargo del comprador al cierre		
Gastos del vendedor pagados		$ 9,160.00
Gastos del comprador pagados		$ 900.00
Cantidad pagada al vendedor al cierre		
Totales		

La Gráfica 13.1 es una hoja de desembolso real de una oficina de cierre y es idéntica a la conciliación del cerrador con la que ha trabajado en este capítulo. Ambas están diseñadas para mostrar que el dinero recibido es igual al dinero desembolsado, o pagado.

GRÁFICA 13.1

COMPRADOR/PRESTATARIO/	VENDEDOR		GF# _____
			PROPIEDAD

		INGRESOS		
FECHA	INGRESO NO.	DE	CANTIDAD	
			$	

TOTAL $ _____

		DESEMBOLSOS		
FECHA	CHEQUE NO.	CHEQUE A	CANTIDAD	
		STEWART TITLE GUARANTY COMPANY		
		MENSAJERO / RESTRICCIONES		
		PÓLIZA DEL PROPIETARIO / REGISTRO		
		PÓLIZA DE HIPOTECA / CERTIFICADOS DE IMPUESTO		
		DEPÓSITO EN GARANTÍA		

OFICINA DE DEPÓSITOS   TOTAL $

Un problema de práctica adicional

Resuelva el siguiente problema de declaración de cierre y registre las operaciones en la forma de la página 237.

Juan Pérez y Cristina Pérez, esposo y esposa, con domicilio en calle Monroe 2419, Rockford, dijeron a su corredor que querían un neto de $90,500 en la venta de su edificio después de pagar su comisión del 6.5%. ABC Realtors acordó tomar la exclusiva del edificio de departamentos para dos familias. El préstamo actual tenía un saldo de capital de $37,000 después de acreditarse el pago mensual del 1° de junio. El pago hipotecario mensual, a pagarse el primer día de cada mes, es de $396 e incluye el 9.5% de interés del mes anterior.

Francisco Jiménez y Linda Jiménez, con domicilio en 1010 Lincoln Drive, Rockford, firmaron un contrato de compra del edificio Pérez el 15 de mayo, el cual aceptaron y firmaron los vendedores. El precio de compra acordado es de $96,000. Los compradores asumirán el préstamo de los vendedores y éstos tomarán un pagaré de hipoteca de préstamo para compra por $10,000 a pagarse en o antes de cinco años del cierre, con un interés anual del 10% pagado mensualmente.

En la fecha de cierre, que se estableció para el 16 de junio, los vendedores se considerarán propietarios de la propiedad, lo que significa que deberá prorratear *incluyendo* la fecha de cierre. Los compradores ya entregaron al corredor un depósito del 10% a cuenta del pago y aún tienen que pagar un cargo del seguro de propiedad de $50. El cargo de la escritura de propiedad de los vendedores es de $960. La boleta de impuestos prediales para el año de $1,420 no se ha pagado y vencerá el 31 de diciembre. Los compradores también acordaron comprar 56 galones (**224 litros**) del combustible restante en el tanque al cierre, a un costo de $.75 por galón.

Los compradores obtendrán una nueva póliza de seguro antes del cierre y pagarán la prima directamente a la compañía de seguros.

El 1° de junio, los vendedores hicieron su último pago regular mensual sobre la hipoteca. El departamento de arriba se renta a $300 al mes; los vendedores ocupan el de abajo. Ya cobraron la renta del 1° de junio y tienen un depósito de garantía equivalente a la renta de un mes. Asimismo, pagarán los timbres fiscales de traspaso sobre su escritura. Éstos cuestan $.50 por $500 o cualquier fracción de la siguiente consideración tributaria después de descontar el préstamo asumido. Los compradores acordaron pagar la cuota de registro de $25, la cuota de investigación de $250 y el costo de preparación de los documentos del segundo préstamo del vendedor, que es de $150. Los gastos de los vendedores incluyen la preparación de la escritura, a un costo de $130 y la inspección de termitas, que cuesta $75. El corredor desembolsará todos estos gastos el día del cierre.

Calcule los prorrateos necesarios y prepare la declaración de cierre de cuatro columnas para esta venta. Use un año estatutario para calcular todos los prorrateos *incluyendo* el día de cierre.

Lea las siguientes instrucciones antes de empezar.

Para usar con más eficacia la hoja de trabajo, siga estos pasos:

a) Conforme lea la información proporcionada para el problema, registre los tipos de gastos incluidos en la transacción en la columna izquierda de la hoja de trabajo.

b) Revise la lista de gastos y considere aquellos relacionados con el comprador; realice cualquier cálculo de prorrateo necesario y registre cada gasto relacionado con el comprador ya sea como un débito o como crédito para éste.

Los débitos para el comprador *aumentan la cantidad que éste debe* al cierre. Incluyen el precio de compra de la propiedad, todos los prorrateos de elementos pagados con anterioridad y los gastos de terceros del comprador, como la cuota para registrar la escritura del vendedor. Por otro lado, los créditos para el comprador *disminu-*

yen la cantidad que debe. Incluyen el depósito a cuenta, el saldo del préstamo asumido y todos los prorrateos de elementos acumulados.

c) Después revise la lista de gastos y considere aquellos relacionados con el vendedor; realice cualquier cálculo de prorrateo necesario y registre cada gasto relacionado con el vendedor, ya sea como débito o crédito para éste.

Los débitos para el vendedor *disminuyen el saldo a pagar* al vendedor al cierre. Incluyen el saldo del préstamo asumido, todos los prorrateos de elementos acumulados y gastos de terceros del vendedor, como la comisión del corredor y los timbres fiscales de traspaso, que no involucran al comprador. Los créditos para el vendedor *aumentan el saldo a pagar* al mismo. Incluyen el precio de venta de la propiedad y todos los prorrateos de los elementos pagados con anterioridad.

d) Totalice las columnas de débito y crédito del comprador y reste el total menor del mayor para determinar qué cantidad debe pagar el comprador al cierre (si los débitos exceden a los créditos).

e) Totalice las columnas de débito y crédito del vendedor y reste el total menor del mayor para determinar qué cantidad pagará el vendedor al cierre (si los débitos exceden a los créditos) o qué cantidad se le pagará al cierre (si los créditos exceden a los débitos).

f) Prepare la declaración de conciliación del cerrador para verificar que todos los elementos se hayan registrado en las columnas correctas.

Use el espacio siguiente para sus cálculos.

HOJA DE TRABAJO DE LA DECLARACIÓN DE CONVENIO

Propiedad _____

Vendedor _____

Comprador _____

Fecha de convenio _____

	Declaración del comprador		Declaración del vendedor	
	Débito	Crédito	Débito	Crédito
Precio de compra				
Depósito				
Saldo de préstamo asumido				
Interés sobre préstamo asumido				
Hipoteca para compra				
Impuestos prediales				
Combustible en tanque				
Prorrateo de renta				
Depósito de daños en garantía				
Comisión del corredor				
Impuesto de traspaso				
Seguro de propiedad				
Cuotas de registro				
Investigación				
Preparación de hipoteca para compra				
Preparación de escritura				
Inspección de termitas				
Subtotales				
Saldo a cargo del comprador al cierre				
Saldo a favor del vendedor al cierre				
Totales				

DECLARACIÓN DE CONCILIACIÓN
DEL CERRADOR

Partidas	Ingresos	Desembolsos
Pago a cuenta		
Saldo a cargo del comprador al cierre		
Gastos pagados del vendedor		
Gastos pagados del comprador		
Saldo a pagar al vendedor al cierre		
Total		

Clave de respuestas

Soluciones: Problemas del capítulo

1. a) El *vendedor* recibe el crédito por el total del precio de venta de la propiedad, que el comprador acordó pagar.

b) El *comprador* recibe el crédito por asumir el préstamo existente del vendedor. El saldo a pagar en el pagaré asumido es una contrapartida al precio de venta.

c) El *comprador* recibe el crédito por el interés incurrido a la fecha por el vendedor, que el comprador debe pagar en la siguiente fecha de pago de la hipoteca.

d) Cuando el comprador asume la hipoteca del vendedor, el *vendedor* recibe el crédito por cualquier cantidad retenida en una cuenta de reserva de impuesto con el prestatario de la hipoteca que se transferirá al comprador.

e) El *vendedor* recibe el crédito por la cantidad no usada de una prima de seguro pagada con anterioridad que el comprador asume.

f) El *comprador* recibe un crédito por la participación del vendedor del impuesto predial acumulado hasta la fecha de cierre, ya que el comprador debe pagar el impuesto *total* cuando se venza.

g) El vendedor *recibe* el crédito por el dinero que pagó por adelantado por servicios que beneficiarán al comprador después del cierre.

h) El *vendedor* recibe el crédito por el combustible disponible que ya se pagó pero que usará el comprador.

i) El *comprador* recibe el crédito por el agua que el vendedor ha usado antes del cierre, ya que el comprador tendrá que pagar el total del periodo de facturación cuando se venza la factura.

j) El *comprador* recibe el crédito por la renta cobrada por adelantado por el vendedor, que representa la renta de esa parte del mes durante la cual el comprador será propietario del edificio.

k) El *comprador* recibe el crédito por cada depósito en garantía retenido por el vendedor pero que el comprador, como nuevo arrendador, debe devolver si el arrendatario decide no renovar su contrato de arrendamiento.

2. Véase la tabla de la siguiente página.

3. Véase la tabla de la siguiente página.

4. Véase la tabla de la página 241.

5. Prorrateo de intereses:
$87,500 x .09 ÷ 360 x 14 = $306.25
Prorrateo del impuesto:
  E   F   M   A   M   J   J
30 + 30 + 30 + 30 + 30 + 30+14 = 194 días
$2,648 ÷ 360 x 194 = $1,426.98
Prorrateo de seguro:
                    A   S   O   N   D   E   F   M   A
Julio 30 – 14 = 16 + 30 + 30 + 30 + 30 + 30 + 30 + 30 + 30 + 7 = 263
$1,440 ÷ 360 x 263 = $1,052
Cuota de traspaso:
$87,500 x .01 = $875
Cuota del corredor:
$135,000 x .0575 = $7,762.50
Timbres fiscales de traspaso:
$135,000 – $87,500 = $47,500
$47,500 ÷ $500 x $.50 = $47.50

2.

	Comprador		Vendedor	
	Débito	Crédito	Débito	Crédito
a. Precio de venta	$100,000			$100,000
b. Saldo de préstamo asumido		$40,500	$40,500	
c. Interés acumulado sobre préstamo asumido		300	300	
d. Cuenta de reserva para impuesto	600			600
e. Prorrateo de la prima de seguro	320			320
f. Parte acumulada del impuesto predial		450	450	
g. Servicio de seguridad pagado con anterioridad	175			175
h. Combustible en tanque	150			150
i. Factura de agua acumulada prorrateada		100	100	
j. Rentas cobradasn no devengadas		805	805	
k. Depósitos de garantía del arrendatario		2,000	2,000	

3.

	Registrada una vez	Registrada dos veces	Cómo se registró				
		Débito y crédito	Crédito del vendedor	Débito del vendedor	Crédito del comprador	Débito del comprador
Precio de venta		x	x			x
Depósito	x				x	
Saldo del préstamo asumido		x		x	x	
Interés sobre préstamo asumido		x		x	x	
Prorrateo del impuesto predial *		x		x	x	
Combustible en el tanque		x	x			x
Cuota de registro de la escritura del vendedor	x					x
Comisión del vendedor al corredor	x			x		
Costo de investigación de la escritura del comprador	x					x

* No se han pagado los impuestos a la fecha de cierre.

4.

	Comprador		Vendedor	
	Débito	Crédito	Débito	Crédito
Precio de venta	$240,000			$240,000
Depósito		$20,000		
Comisión del corredor			$16,800	
Subtotales	240,000	20,000	16,800	240,000
Saldo a cargo del comprador al cierre		220,000		
Saldo a favor del vendedor al cierre			223,200	
Totales	$240,000	$240,000	$240,000	$240,000

Solución: Un problema de práctica adicional

Depósito a cuenta:
   $96,000 x .10 = $9,600
Prorrateo de intereses:
   $37,000 x .095 ÷ 360 x 16 = $156.22
Prorrateo de impuestos:
   Enero – junio 16 = 165 días vencidos
   $1,420 ÷ 360 x 165 = $650.83
Prorrateo de combustible:
   56 galones x $.75 = $42
Prorrateo de renta:
   Junio 30 – 16 días = 14 días vencidos
   $300 ÷ 30 x 14 = $140
Cuota del corredor:
   $96,000 x .065 = $6,240
Timbres fiscales de traspaso:
   $96,000 – $37,000 = $59,000
   $59,000 ÷ $500 x $.50 = $59

HOJA DE TRABAJO DE DECLARACIÓN DE CONVENIO

Fecha de convenio _Julio 14_	Declaración del comprador		Declaración del vendedor	
	Débito	Crédito	Débito	Crédito
Precio de compra	$135,000.00			$135,000.00
Depósito		$6,000.00		
Saldo de préstamo asumido		87,500.00	$87,500.00	
Interés sobre préstamo asumido		306.25	306.25	
Impuesto predial a la fecha		1,426.98	1,426.98	
Reserva de impuestos	1,986.00			1,986.00
Prorrateo de prima de seguro	1,052.00			1,052.00
Gastos del comprador:				
Cuota de traspaso de hipoteca	875.00			
Cuota de registro	25.00			
Gastos del vendedor:				
Investigación de la escritura			1,350.00	
Comisión del corredor			7,762.50	
Impuesto de traspaso			47.50	
Subtotales	138,938.00	95,233.23	98,393.23	138,038.00
Saldo a cargo del comprador		43,704.77		
Saldo a favor del vendedor			39,644.77	
Totales	**$138,938.00**	**$138,938.00**	**$138,038.00**	**$138,038.00**

6. DECLARACIÓN DE CONCILIACIÓN DEL CERRADOR

Partidas	Entradas	Desembolsos
Depósito	$6,000.00	
Saldo a cargo del comprador al cierre	43,704.77	
Gastos del vendedor pagados:		$9,160.00
Gastos del comprador pagados:		900.00
Cantidad pagada al vendedor al cierre		39,644.77
Totales	$49,704.77	$49,704.77

HOJA DE TRABAJO DE LA DECLARACIÓN
DE CONVENIO

Propiedad Calle Monroe 2419, Rockford

Vendedor Juan Pérez y Cristina Pérez

Comprador Frnacisco Jiménez y Linda Jiménez

Fecha de convenio 16 de junio

	Declaración del comprador		Declaración del vendedor	
	Débito	Crédito	Débito	Crédito
Precio de compra	$96,000.00			$96,000.00
Depósito		$9,600.00		
Saldo de préstamo asumido		37,000.00	$37,000.00	
Interés sobre préstamo asumido		156.22	156.22	
Hipoteca para compra		10,000.00	10,000.00	
Impuestos prediales		650.83	650.83	
Combustible en tanque	42.00			42.00
Prorrateo de renta		140.00	140.00	
Depósito de daños en garantía		300.00	300.00	
Comisión del corredor			6,240.00	
Impuesto de traspaso			59.00	
Seguro de propiedad	50.00		960.00	
Cuotas de registro	25.00			
Investigación	250.00			
Preparación de hipoteca para compra	150.00			
Preparación de escritura			130.00	
Inspección de termitas			75.00	
Subtotal	96,517.00	57,847.05	55,711.05	96,042.00
Saldo a cargo del comprador al cierre		38,669.95		
Saldo a favor del vendedor al cierre			40,330.95	
Total	$96,517.00	$96,517.00	$96,042.00	$96,042.00

DECLARACIÓN DE CONCILIACIÓN
DEL CERRADOR

Partidas	Ingresos	Desembolsos
Depósito	$9,600.00	
Saldo a cargo del comprador al cierre	38,669.95	
Gastos pagados del vendedor		$7,464.00
Gastos pagados del comprador		475.00
Saldo a favor del vendedor al cierre		40,330.95
Total	$48,269.95	$48,269.95

Capítulo 14

CÁLCULOS DE ARRENDAMIENTO

Los arrendamientos comerciales por lo general duran tres o más años y contienen cláusulas que permiten incrementos periódicos de renta.

En los arrendamientos de negocios al por menor se puede pedir una cantidad de renta base más un porcentaje de las ventas brutas que excedan de una cantidad establecida en el contrato. En algunos arrendamientos comerciales e industriales se puede transferir algunos o todos los gastos de operación al arrendatario.

Al finalizar de leer este capítulo, podrá calcular

- la renta de un número dado de pies o metros cuadrados cuando la renta se exprese como renta bruta por pie o metro cuadrado; y
- el total a pagar de la renta bajo un arrendamiento de porcentaje.

Ejercicios de calentamiento

1. ¿Cuál es la renta mensual para un espacio de 3,680 pies o metros cuadrados si la renta anual que se está cobrando es de $18.50 por pie o metro cuadrado?

   a) $68,080.00   c) $6,808.00
   b) $4,836.24   d) $5,673.33

2. Un contrato estipula pide el pago de $12,000 al año más 4% de las ventas brutas de más de $100,000. ¿Cuál es su renta total en un año en el que su negocio genera $86,000 en ventas brutas?

   a) $12,000   b) $4,128   c) $16,000   d) $18,270

3. El Salón Juárez tiene un contrato por el que el arrendatario paga una renta mínima de $375 al mes más 4.5% de las ventas brutas de más de $100,000 al año. Las ventas brutas del año pasado fueron de $250,000. ¿Cuál es la renta anual del salón?

   a) $6,750   b) $11,250   c) $4,500   d) $10,500

4. Hace dos años, la renta del salón llegó a $8,100 (véase el problema 3). ¿Cuáles fueron las ventas brutas ese año?

   a) $180,000   b) $75,000   c) $80,000   d) $81,000

Arrendamiento por pie o metro cuadrado

La renta también se puede cotizar en tantos dólares por pie o metro cuadrado con una base anual o mensual.

Ejemplo: Si la renta en un edificio de oficinas nuevo es de $12.10 por pie o metro cuadrado, ¿cuál es la renta *mensual* de un espacio de 1,800 pies o metros cuadrados?

Primero, encuentre la renta anual total:

1,800 pies o metros cuadrados x $12.10
por pie o metro cuadrado = $21,780

Luego convierta la renta anual a renta mensual:

$21,780 de renta anual ÷ 12 meses = $1,815

O, la renta podría expresarse en una base mensual y luego convertirse a una tarifa anual por pie o metro cuadrado para su comparación. Si la renta mensual es de $2,000 por un espacio de 2,220 pies o metros cuadrados, ¿cuál es la tarifa anual por pie o metro cuadrado?

Primero encuentre la renta anual total:

$2,000 x 12 meses = $24,000

Luego encuentre la renta por pie o metro cuadrado:

$24,000 de renta anual ÷ 2,200 pies o metros cuadrados = $10.91 por pie o metro cuadrado (redondeado)

Arrendamiento por porcentaje

Bajo un arrendamiento por porcentaje, la renta anual es un porcentaje de las ventas brutas, normalmente sujetas a un pago mensual mínimo. El arrendatario por lo general paga una renta mensual mínima *más* un porcentaje de ingresos por ventas brutas si exceden la cantidad mínima estipulada. O, en algunos contratos se puede estipular una renta mínima (base) más un porcentaje de todos los ingresos por ventas brutas.

Ejemplo: Un arrendamiento por porcentaje requiere el pago de una renta mensual mínima de $500, más

6% de las ventas brutas anuales si exceden los $100,000 al año. Con base en las ventas brutas anuales de $250,000, calcule la renta total del año.

Primero, encuentre la renta mínima anual:

$500 por mes x 12 meses = $6,000

Luego, encuentre el porcentaje de las ventas brutas para agregarlo a la renta mínima:

$250,000 ventas brutas reales
−100,000 ventas cubiertas por la renta mínima
$150,000 ventas sujetas a la renta de porcentaje

$150,000 x .06 = $9,000 renta adicional por pagar

La renta total anual es la mínima más la renta adicional por pagar:

$6,000 + $9,000 = $15,000

Renta mínima o base

Ejemplo: El señor Muciño paga el 2% de sus ventas brutas totales como renta, con una renta base mínima de $1,000 al mes. El año pasado, su volumen de ventas fue de $400,000. ¿Cuánta renta pagó? ¿A qué volumen de ventas empezará efectivamente a pagar la renta por porcentaje?

$1,000 renta base mensual x 12 meses = $12,000 de renta mínima anual
$400,000 de volumen de ventas x .02 = $8,000 de renta de porcentaje

El señor Muciño pagó la renta mínima, $12,000, porque fue superior a la renta por porcentaje.

$12,000 ÷ .02 = $600,000 de ventas brutas totales para alcanzar la renta mínima

Cuando el señor Muciño exceda los $600,000 de ventas brutas totales, su renta por porcentaje será mayor que la mínima y tendrá que pagar más.

1. Si un arrendamiento por porcentaje requiere que un arrendatario pague una renta mínima mensual de $400 más el 4% de las ventas brutas anuales que excedan los $120,000, ¿cuál fue la renta total pagada en un año en el que las ventas brutas sumaron $360,000?

2. Un contrato estipula que el arrendatario pague una renta mínima mensual de $450 más el 4% de las ventas brutas de más de $135,000 al año. ¿Cuáles fueron las ventas brutas el año pasado si el arrendatario pagó una renta total de $12,420?

3. Abarrotes Barrios paga una renta mensual de $330 más el 4% de las ventas brutas anuales que superen los $99,000. El año pasado, las ventas brutas fueron de $300,000. ¿Cuál fue la renta de un mes de esta tienda de alimentos preparados?

4. La tienda Ski and See tuvo un contrato de tres años que requirió una garantía de renta de $600 mensuales más un porcentaje de escalada de ventas brutas anuales de más de $180,000. Llene la siguiente forma determinando cuánto se pagó de renta cada año:

Año	Porcentaje de ventas brutas	Ventas brutas reales	Renta anual
1	4	$200,000	
2	4.5	160,000	
3	5	250,000	

5. La señora Páiz cobra la renta de cuatro tiendas en el centro comercial Satélite. El año pasado cobró $12,500 al señor González, $14,000 al señor García y $9,000 a la señorita Huerta. También cobró la renta al señor Miller, quien iba a pagar 5% de todas sus ventas brutas, con un pago mínimo de $375 al mes. Sus ventas brutas el año pasado fueron de $75,000. En promedio, ¿cuánto cobró de renta la señora Páiz por mes el año pasado?

Problemas para práctica adicional

Cuando haya terminado estos problemas, revise sus respuestas al final del capítulo. Si falló en alguno, repase el texto.

1. La señorita López paga una renta mínima mensual de $300 más el 4.5% de las ventas brutas de más de $80,000 al año. Si las ventas brutas el año pasado fueron de $125,000, ¿cuánto pagó de renta mensual?

a) $168.75   b) $468.75   c) $313.50   d) $600.00

2. El contrato de arrendamiento de Pedro Hernández requiere que se pague una renta mínima mensual de $250 más el 5% de ventas brutas de más de $60,000. El señor López pagó $10,500 de renta el año pasado. ¿Cuáles fueron sus ventas brutas?

a) $750,000   b) $210,000   c) $60,000   d) $150,000

3. El arrendamiento de una tienda estipula que se debe pagar una renta mínima mensual de $416.67 más el 6% de las ventas brutas anuales de más de $100,000. ¿Cuáles fueron las ventas brutas anuales el año pasado si el arrendatario pagó un total de $7,820 de renta?

a) $130,334   c) $146,999
b) $100,000   d) $136,725

4. El contrato de arrendamiento de una tienda requiere de una renta mínima mensual de $600 más un porcentaje de las ventas brutas anuales de más de $180,000. Si las ventas brutas del año pasado fueron de $264,000 y la renta de $13,080, ¿cuál es la tasa de porcentaje establecida en el arrendamiento?

a) 6%   b) 6.5%   c) 7%   d) 7.5%

5. El arrendamiento de una tienda estipula una renta mínima mensual de $425 más un porcentaje del 8% de las ventas brutas anuales de más de $160,000. El año pasado, cuando las ventas brutas anuales fueron de $229,500, ¿cuál fue la renta bruta del año?

a) $27,100.00   c) $13,787.50
b) $10,660.00   d) $28,686.25

6. El contrato de arrendamiento de una tienda requiere el pago de una renta mensual garantizada de $600 más el 4.5% de las ventas brutas anuales de más de $180,000. Si las ventas brutas anuales fueron de $164,000, ¿cuál fue la cantidad de la renta bruta anual?

a) $8,100   b) $7,200   c) $7,380   d) $7,500

7. Si la renta en una oficina de 1,750 pies o metros cuadrados es de $14.50 por pie o metro cuadrado, ¿cuál es la renta mensual?

a) $3,192.51   c) $2,114.58
b) $23,375.00   d) $2,022.44

Clave de respuestas

Soluciones: Ejercicios de calentamiento

1. (d): 3,680 pies o metros cuadrados x $18.50 ÷ 12 = $5,673.33 (redondeado)

2. (a): $12,000

3. (b): $250,000 - $100,000 = $150,000
   $150,000 x .045 = $6,750
   $375 x 12 = $4,500
   $4,500 ÷ $6,750 = $11,250

4. (a): $8,100 – $4,500 = $3,600
   $3,600 ÷ .045 = $80,000
   $80,000 + $100,000 = $180,000

Soluciones: Problemas del capítulo

1. $360,000 – $120,000 = $240,000
   $240,000 x .04 = $9,600
   $400 x 12 = $4,800
   $4,800 + $9,600 = $14,400

2. $450 x 12 = $5,400
   $12,420 – $5,400 = $7,020
   $7,020 ÷ .04 = $175,500
   $175,500 + $135,000 = $310,500

3. $300,000 – $99,000 = $201,000
   $201,000 x .04 = $8,040
   $8,040 ÷ 12 = $670
   $670 + $330 = $1,000

4. 1. $600 x 12 = $7,200
   $200,000 – $180,000 = $20,000
   $20,000 x .04 = $800
   $800 + $7,200 = $8,000
   2. Como $160,000 es menor a $180,000, sólo se debe la renta base
   de $7,200.
   3. $250,000 – $180,000 = $70,000
   $70,000 x .05 = $3,500
   $3,500 + $7,200 = $10,700

5. $75,000 x .05 = $3,750 ó $375 x 12 = $4,500, la que sea mayor
$12,500 + $14,000 + $9,000 + $4,500 = $40,000
$40,000 ÷ 12 = $3,333.33 (redondeado)

Soluciones: Problemas para práctica adicional

1. (b): $125,000 – $80,000 = $45,000
$45,000 x .045 ÷ 12 = $168.75
$168.75 + 300 = $468.75

2. (b): $250 x 12 = $3,000
$10,500 – $3,000 = $7,500
$7,500 ÷ .05 = $150,000
$150,000 + $60,000 = $210,000

3. (c): $416.67 x 12 = $5,000.04
$7,820 – $5,000.04 = $2,819.96
$2,819.96 ÷ .06 = $46,999 (redondeado)
$46,999 + $100,000 = $146,999

4. (c): $264,000 – $180,000 = $84,000
$13,080 – ($600 x 12) = $5,880
$5,880 ÷ $84,000 = .07 ó 7%

5. (b): $425 x 12 = $5,100
$229,500 – $160,000 = $69,500
$69,500 x .08 = $5,560
$5,560 + $5,100 = $10,660

6. (b): $600 x 12 = $7,200

7. (c): 1,750 pies cuadrados x $14.50 = $25,375
$25,375 ÷ 12 = $2,114.58 (redondeado)

Examen de Repaso I
(Capítulos 2 al 8)

1. Si una propiedad se compra en $300,000 y después se vende en $345,000, ¿qué porcentaje de ganancia se obtuvo?

   a) 115%   b) 14%   c) 15%   d) 110%

2. Gina Jaramillo puso en venta su casa en $100,000 y después la vendió al 90% del precio de lista a José García. José vendió la propiedad seis meses después en $100,000. ¿Qué porcentaje de ganancia obtuvo el señor García?

   a) 10%   b) 15%   c) 12%   d) 11.1%

3. El valor gravado de una casa es de $132,500, que es el 53% de su valor en el mercado. ¿Cuál es el valor en el mercado de esta casa?

   a) $202,725   c) $250,000   c) $205,000   d) $250,725

4. Si a un vendedor se le carga el 6% de comisión sobre los primeros $100,000 del precio de venta, el 5% sobre los segundos $100,000 y el 3.5% sobre el saldo del precio de venta, ¿cuánto pagará de comisión si su casa se vende en $486,500?

a) $29,190.00   c) $6,000.00
b) $10,027.50   d) $21,027.50

5. Pepe, agente de ventas, recibió un cheque por comisiones de $18,000 por la venta de la casa Especial. Si recibió el 60% de la comisión total y la casa se vendió en $300,000, ¿qué porcentaje de comisión se cobró?

   a) 6%   b) 7%   c) 10%   d) 5%

6. Un vendedor recibió $56,400 después de pagarle a su corredor una cuota de corretaje de 6%. ¿Cuál fue el precio de venta de la casa?

   a) $60,000   b) $56,400   c) $59,784   d) $65,400

7. Usted compra un lote que mide 75 por 125 pies o metros a $4.80 el pie o metro cuadrado. Durante el periodo en que el lote es suyo, la calle se pavimentó y un gravamen de pavimentación de $2.50 por pie o metro delantero se aplica contra su propiedad. ¿Cuál debe ser su precio de venta si desea obtener una utilidad neta del 15% después de pagar el gravamen de pavimentación, los $1,860 de costos de cierre y una cuota de corretaje del 7%?

   a) $53,797.50   c) $57,563.33
   b) $51,750.00   d) $57,846.77

8. Una propiedad se vendió en $240,000, que era el 80% de su precio de lista. ¿Cuál era el precio de lista?

   a) $300,000   b) $288,000   c) $282,353   d) $295,000

9. Si comprara una propiedad al precio de lista menos el 20% y la vendiera al precio de lista más el 10%, ¿qué porcentaje de utilidad obtendría?

   a) 25%   b) 37.5%   c) 20%   d) 80%

10. El área de un rectángulo de 75 por 150 pies **(22.80 x 45.60 metros)** es

    a) 9,375 pies o metros cuadrados

    b) 416.67 yardas cuadradas

    c) 1,250 yardas cuadradas

    d) 600 pies lineales

11. Usted compró una extensión de tierra de 800 por 545 pies o metros. Piensa desarrollarlo en lotes para construcción que midan 60 por 100 pies o metros. Si separa una franja de tierra de 800 por 20 pies o metros para un camino, ¿cuántos lotes para construcción puede crear?

    a) 72.67   b) 65.00   c) 60.50   d) 70.00

12. ¿Cuánto costará comprar tres quintas partes de una extensión de seis acres a $2.25 el pie cuadrado?

    a) $352,836

    b) $156,816

    c) $261,360

    d) $294,030

13. Usted compra una propiedad a $185,000, de los cuales el 25% es el valor del terreno. ¿Cuál es la depreciación anual si se deprecia durante 40 años?

    a) $3,468.75

    b) $4,625.00

    c) $1,156.25

    d) $5,550.00

14. Se compró una propiedad a $235,000. Al momento de la compra, el terreno valía el 22% del valor total del inmueble. El comprador retuvo la propiedad durante siete años, tiempo durante el cual el terreno aumentó de valor en un 6% por año linear y la construcción se deprecó 2.5% por año linear. ¿Cuál es el valor de la propiedad al final de los siete años?

    a) $233,623.29

    b) $243,225.00

    c) $224,636.50

    d) $232,081.46

15. Si se pagan $50,000 en efectivo por una propiedad de $250,000 que tiene un valor predial de $60,000, ¿cuánto se puede depreciar durante la vida útil de la propiedad?

a) $60,000   c) $200,000

b) $250,000   d) $190,000

16. Las cuatro unidades en un conjunto habitacional se rentan a $250 cada una al mes. Si la propiedad genera $7,200 en gastos anuales de operación y mantiene una tasa de ocupación del 95%, ¿cuál es el valor indicado de la propiedad a un inversionista que busca una tasa anual de rendimiento del 9%?

a) $43,200.00   c) $53,333.33

b) $46,666.67   d) $58,967.43

17. Usando el planteamiento de costos, calcule el valor indicado de una propiedad con un edificio de 2,300 pies o metros cuadrados asentado en un lote de tierra de $18,000 si la construcción cuesta $74 por pie o metro cuadrado. (La edad efectiva del edificio es de ocho años y parece tener una vida útil restante de 42 años.)

a) $160,968   c) $155,781

b) $142,968   d) $188,200

18. Juan Báez cobró $8,400 en capital e interés al final de seis meses en un préstamo a plazos de $8,000. ¿Qué tasa de interés pagó el prestatario?

a) 20%   b) 10%   c) 12%   d) 15%

19. ¿Cuánto tiempo tomará para que $15,000 produzcan $2,250 a un interés anual de 10%?

a) 12 meses   b) 9 meses   c) 2 años   d) 1.5 años

20. Si un pago por intereses de $300 se realiza cada tres meses sobre un préstamo de $100,000, ¿qué tasa de interés anual se está cargando?

a) 12%   b) 10%   c) 15%   d) 18%

Examen de repaso I: Clave de respuestas

1. (c): $345,000 – $300,000 = $45,000
$45,000 ÷ $300,000 = .15 ó 15%

2. (d): $100,000 x .90 = $90,000
$100,000 – $90,000 = $10,000
$10,000 ÷ $90,000 = .111 (redondeado) ó 11.1%

3. (b): $132,500 ÷ .53 = $250,000

4. (d): $100,000 x .06 = $6,000
$100,000 x .05 = $5,000
$486,500 – $200,000 = $286,500
$286,500 x .035 = $10,027.50
$10,027.50 + $6,000 + $5,000 = $21,027.50

5. (c): $18,000 ÷ .60 = $30,000
$30,000 ÷ $300,000 = .10 ó 10%

6. (a): 100% – 6% = 94%
$56,400 ÷ .94 = $60,000

7. (d): 75 x 125 = 9,375 pies o metros cuadrados
9,375 pies o metros cuadrados x $4.80 = $45,000
75 x $2.50 = $187.50
$45,000 x 1.15 = $51,750
$51,750 + $187.50 + $1,860 = $53,797.50
$53,797.50 = 93% del precio de venta
$53,797.50 ÷ .93 = $57,846.77 (redondeado)

8. (a): $240,000 ÷ .80 = $300,000

9. (b): 100% – 20% = 80%
100% x 1.10 = 110%
110% ÷ 80% = 1.375
1.375 – 1 = .375 ó 37.5%

10. (c): 75 x 125 = 11,250 pies o metros cuadrados

11. (d): 800 x 545 = 436,000 pies o metros cuadrados
800 x 20 = 16,000 pies o metros cuadrados
436,000 – 16,000 = 420,000 pies o metros cuadrados
60 x 100 = 6,000 pies o metros cuadrados

420,000 pies o metros cuadrados ÷ 6,000 pies o metros cuadrados = 70

12. (a):   6 acres x 43,560 pies cuadrados = 261,360 pies cuadrados

$\dfrac{3}{5}$ = .60

.60 x 261,360 pies cuadrados = 156,816 pies cuadrados
156,816 pies cuadrados x $2.25 = $352,836

13. (a): $185,000 x .75 = $138,750
$138,750 ÷ 40 = $3,468.75

14. (c): $235,000 x .22 = $51,700
$235,000 – $51,700 = $183,300
7 x 6% = 42%
100% + 42% = 142%
7 x 2.5% = 17.5%
100% – 17.5% = 82.5%
$51,700 x 1.42 = $73,414
$183,300 x .825 = $151,222.50
$151,222.50 + $73,414 = $224,636.50

15. (d): $250,000 – $60,000 = $190,000

16. (b): $250 x 4 x 12 = $12,000
$12,000 x .95 = $11,400
$11,400 – $7,200 = $4,200
$4,200 ÷ .09 = $46,666.67 (redondeado)

17. (a):   2,300 pies o metros cuadrados x $74 = $170,200
8 + 42 = 50
$170,200 ÷ 50 x 42 = $142,968
$142,968 + $18,000 = $160,968

18. (b): $8,400 – $8,000 = $400
$400 ÷ 6 x 12 = $800 (redondeado)
$800 ÷ $8,000 = .10 ó 10%

19. (d): $15,000 x .10 = $1,500
$1,500 ÷ 12 = $125
$2,250 ÷ $125 = 18 meses ó 1.5 años

20. (a): $300 ÷ 3 x 12 = $1,200
$1,200 ÷ $10,000 = .12 ó 12%

Examen de repaso II
(Capítulos 9 al 14)

1. Roberto y María Juárez quieren comprar una casa de $270,000 con un préstamo convencional del 90%. Si el prestamista usa proporciones de calificación de 28/36, ¿cuántos ingresos verificables deben mostrar para calificar para un préstamo a 30 años que requiere pagos mensuales sobre capital e intereses de $10.14 por $1,000? (Los impuestos anuales son $3,600 y la prima del seguro anual será de $1,800.)

   a) $10,407.21   c) $6,844.44
   b) $8,800.00   d) $8,094.44

2. Antonio puede obtener un préstamo convencional del 95% sobre una casa que se vende a $68,800. Su pago inicial requerido será de

   a) $6,880   b) $3,440   c) $10,320   d) $688

3. El señor García puede obtener un préstamo convencional del 90% a 30 años con un interés del 8.75%, que requerirá de pagos mensuales sobre capital e intereses de $7.87 por $1,000. Si su ingreso bruto anual es de $62,500 y el prestamista le permitirá aportar el 25% de sus ingresos

261

brutos mensuales a su pago mensual sobre capital e intereses, ¿cuánto puede obtener en préstamo?

a) $183,832.18   c) $157,329.00
b) $174,963.94   d) $165,448.54

4. Una propiedad tiene un valor comercial de $348,000 en un área donde se utiliza una proporción de avalúo del 53%. ¿Cuál será la cuenta tributaria anual si se cargan los impuestos a $4.25 por $100 del valor gravado?

a) $14,790.00   c) $7,838.70
b) $783.87   d) $1,479.00

5. Una casa es valuada en $150,000 y gravada por el 60% de su valor. Si la boleta predial es de $2,700, ¿cuál es la tasa impositiva por $100 del avalúo?

a) $3   b) $27   c) $8   d) $6

6. Su casa nueva tiene un valor comercial de $152,000. Los impuestos en el área se gravaron al 66% del valor en el mercado a una tasa de $2.50 por $100 del valor gravado. ¿Cuál será la cantidad de su primera boleta predial anual?

a) $1,672   b) $3,800   c) $2,508   d) $1,003

7. El señor Gómez está vendiendo su casa a la familia López en $108,000. Los Gómez asumirán el saldo actual del préstamo de $28,000; los López devolverán un segundo préstamo por $40,000; y los López pagarán la diferencia . en efectivo. ¿Cuál será la cantidad del impuesto por traspaso si el estado requiere $.50 por $500 o fracción y exenta los préstamos asumidos?

a) $120   b) $80   c) $104   d) $160

8. Prorratee los impuestos anuales de $3,600 para un cierre el 28 de agosto usando un año estatutario hasta el día del cierre. (Los impuestos se pagan atrasados.)

a) $2,370.00 de débito para el vendedor
b) $2,370.00 de crédito para el comprador
c) $2,347.40 de débito para el vendedor
d) $2,347.40 de débito para el comprador

9. Se asume un préstamo con un saldo pendiente de $148,600. El préstamo se adquirió a un interés anual del 9% y está al corriente en sus pagos hasta el 1° de junio. ¿Qué crédito recibirá el comprador del vendedor al cierre el 16 de junio por concepto de intereses si el prorrateo se calculó usando un año calendario regular hasta el día del cierre?

   a) $594.40   b) $520.10   c) $512.98   d) $586.26

10. Usando el año bancario, prorratee la prima del seguro para una póliza que se adquirió el 16 de octubre a un costo de $450. (El cierre se llevará a cabo el 20 de agosto y el contrato exige que todos los prorrateos se calculen al día del cierre.)

    a) Cargo de $70 al comprador/crédito para el vendedor
    b) Crédito de $380 para el comprador/cargo al vendedor
    c) Cargo de $380 al comprador/crédito para el vendedor
    d) Crédito de $70 para el comprador/cargo al vendedor

En los problemas 11 al 14, identifique cómo se registraría cada elemento en una declaración de cierre en la transacción más común.

11. Depósito
    a) Crédito sólo para el vendedor
    b) Crédito para el comprador/débito para el vendedor
    c) Crédito sólo para el comprador
    d) Débito para el comprador/crédito para el vendedor

12. Prorrateo de impuestos, cuando éstos se pagan atrasados
    a) Crédito sólo para el vendedor
    b) Débito para el vendedor/crédito para el recaudador de impuestos

c) Crédito para el vendedor/débito para el comprador
d) Crédito para el comprador/débito para el vendedor

13. Saldo del préstamo que se asume

a) Crédito para el comprador/débito para el vendedor
b) Débito para el comprador/crédito para el vendedor
c) Débito sólo para el comprador
d) Crédito sólo para el comprador

14. Réditos de un nuevo préstamo

a) Débito sólo para el comprador
b) Débito sólo para el comprador
c) Débito para el comprador/crédito para el vendedor
d) Crédito sólo para el vendedor

15. El salón de belleza Hilda paga una renta mínima de $650 al mes más el 5% de las ventas brutas anuales de más de $125,000. ¿Cuánto pagará Hilda de renta total mensual en un año en el que sus ventas brutas son de $155,000?

a) $775.00   b) $125.00   c) $645.83   d) $1,295.83

16. Otro arrendatario en el centro donde se encuentra el salón de Hilda (véase el problema 15) tiene un contrato que requiere de una renta mínima mensual de $1,200 más un porcentaje de las ventas brutas anuales de más de $360,000. Si las ventas brutas fueron de $528,000 y el arrendatario pagó un total de $26,160 de renta, ¿qué porcentaje se establece en el arrendamiento?

a) 6%   b) 6.5%   c) 7%   d) 7.5%

17. Amanda Lara gana $78,000 al año. Un prestamista le permitirá aplicar el 24% del ingreso mensual bruto a un pago sobre capital e intereses. ¿Cuánto puede gastar cada mes para este pago si puede obtener un préstamo convencional del 95% a 15 años que requiere pagos mensuales de $8.23 por $1,000? (El préstamo se ofrece con un interés anual del 9.25%.)

a) $487.87 b) $609.84   c) $1,560.00   d) $641.94

18. Prorratee los impuestos para un cierre el 4 de abril usando un año calendario regular y prorrateando incluyendo el día del cierre. Si la tasa tributaria es de $3.80 por $100 del avalúo en una casa con un valor estimado en $203,000, el crédito para el comprador es

a) $1,986.62   c) $1,992.78
b) $2,014.21   d) $1,965.48

19. ¿Cuál es el pago inicial para una casa que se vende en $398,000 si el comprador obtiene un préstamo convencional del 90% a 30 años con un interés del 8.5%? (El traspaso se cerrará el 6 de diciembre. El valuador estima que el valor de la casa en el mercado es de $389,000.)

a) $38,900   b) $79,600   c) $39,800   d) $47,900

Examen de repaso II: Clave de respuestas

1. (a): $270,000 x .90 = $243,000
$243,000 ÷ $1,000 x $10.14 = $2,464.02
$3,600 + $1,800 = $5,400
$5,400 ÷ 12 = $450
$450 + $2,464.02 = $2,914.02
$2,914.02 ÷ .28 = $10,407.21

2. (b): 100% – 95% = 5%
$68,800 x .05 = $3,440

3. (d): $62,500 ÷ 12 x .25 = $1,302.08 (redondeado)
$1,302.08 ÷ $7.87 x $1,000 = $165,448.54

4. (c): $348,000 x .53 = $184,440
$184,440 ÷ 100 x $4.25 = $7,838.70

5. (a): $150,000 x .60 = $90,000
$90,000 ÷ $100 = 900
$2,700 ÷ 900 = $3

6. (c): $152,000 x .66 = $100,320
          $100,320 ÷ $100 x $2.50 = $2,508

7. (b): $108,000 – $28,000 = $80,000
          $80,000 ÷ $500 x $.50 = $80

8. (a): Enero – julio = 7 meses x 30 días = 210 días + 27 días = 237
          $3,600 ÷ 360 x 237 días por pagar = débito de $2,370 del vendedor

9. (d): $148,600 x .09 ÷ 365 x 16 = $586.26 (redondeado)

10. (a): Cierre: 20 de agosto   septiembre Vence: 16 de octubre
          30 – 20 = 10 +   30   +   16 = 56
          $450 ÷ 360 x 56 = cargo de $70 para el comprador/crédito para
          el vendedor

11. (c): Crédito sólo para el comprador

12. (d): Crédito para el comprador/débito para el vendedor

13. (a): Crédito para el comprador/débito para el vendedor

14. (b): Crédito sólo para el comprador

15. (a): $155,000 - $125,000 = $30,000
          $30,000 x .05 = $1,500
          $1,500 ÷ 12 = $125
          $650 + $125 = $775

16. (c): $1,200 x 12 = $14,400
          $528,000 – $360,000 = $168,000
          $26,160 – $14,400 = $11,760
          $11,760 (parte) ÷ $168,000 (total) = .07 ó 7% (tasa)

17. (c): $78,000 ÷ 12 x .24 = $1,560

18. (a): $203,000 ÷ $100 x $3.80 = $7,714
          E   F   M   A
          31 + 28 + 31 + 4 = 94
          $7,714 ÷ 365 x 94 = $1,986.62 (redondeado)

19. (c): $398,000 x .90 = $358,200
          $398,000 – $358,200 = $39,800

Tablas de medidas y fórmulas

Medidas de longitud

1 pie	=	12 pulgadas (pulg.)
1 yarda (yd.)	=	3 pies
1 vara	=	5.5 yardas
1 vara	=	16.5 pies
1 milla (mi.)	=	5,280 pies
1 milla	=	320 varas
1 cadena	=	66 pies
1 cadena	=	4 varas
4 varas	=	100 eslabones
1 eslabón	=	7.92 pulgadas
1 vara	=	33.333 pulgadas (Texas)

Medidas de superficie (medida cuadrada)

1 pie cuadrado (pie^2)	=	144 pulgadas cuadradas (pulg.^{2})
1 yarda cuadrada (yd.^{2})	=	9 pies cuadrados (pie^2)
1 vara cuadrada (v^2)	=	30.25 yardas cuadradas (yd.^{2})
1 township	=	36 secciones
1 sección	=	1 milla cuadrada (mi^2)
1 milla cuadrada	=	640 acres
1 acre	=	43,560 pies cuadrados
1 acre	=	10 cadenas cuadradas

Medida circular

$$
\begin{aligned}
\text{área} &= 3.14 \times \text{radio} \times \text{radio} \\
360 \text{ grados (°)} &= 1 \text{ círculo} \\
90 \text{ grados (°)} &= \tfrac{1}{4} \text{ círculo} \\
1 \text{ grado (°)} &= 60 \text{ minutos (′)} \\
1 \text{ minuto (′)} &= 60 \text{ segundos (″)}
\end{aligned}
$$

Fórmulas

Porcentajes

$$\text{Total} = \frac{\text{Parte}}{\text{Tasa}}$$

$$\text{Tasa} = \frac{\text{Parte}}{\text{Tasa}}$$

$$\text{Parte} = \text{Total} \times \text{Tasa}$$

Interés simple

$$\text{Capital} \times \text{Tasa} \times \text{Tiempo} = \text{Interés}$$

$$CTT = I \qquad \frac{I}{TT} = C$$

$$\frac{I}{CT} = T \qquad \frac{I}{CT} = T$$

Área y volumen

$$
\begin{aligned}
\text{Área de un rectángulo} &= \text{Largo y ancho} \\[4pt]
\text{Área de un triángulo} &= \tfrac{1}{2} (\text{base} \times \text{altura}) \\[4pt]
\text{Volumen de un prisma rectangular} &= \text{Largo} \times \text{ancho} \times \text{altura} \\[4pt]
\text{Volumen de un prisma triangular} &= \tfrac{1}{2} (\text{base} \times \text{altura} \times \text{ancho})
\end{aligned}
$$

Cálculo de valuación por ingresos

$$\frac{\text{Ingreso neto}}{\text{Tasa de ganancia}} = \text{Valor}$$

$$\frac{I}{T} = V \qquad\qquad \frac{I}{V} = T \qquad\qquad V \times T = I$$

Método de valuación de cálculo de costos

Costo de reposición del edificio - Depreciación + Valor del terreno =
Valor estimado de la propiedad

Método para calcular la depreciación linear

$$\frac{\text{Costo de reposición}}{\text{Años de vida útil}} = \text{Cargo de depreciación anual} \qquad \text{o}$$

$$\frac{100\%}{\text{Años de vida útil}} = \text{Tasa de depreciación}$$

Porcentaje de depreciación x Costo de reposición del edificio =
Depreciación total

Medidas métricas

Lineal

10 milímetros = 1 centímetro
10 centímetros = 1 decímetro
10 decímetros = 1 metro (m)
10 metros = 1 decámetro
10 decámetros = 1 hectómetro
10 hectómetros = 1 kilómetro

Pesos

10 miligramos = 1 centigramo
10 centigramos = 1 decigramo
10 decigramos = 1 gramo (g)
10 gramos = 1 decagramo
10 decagramos = 1 hectogramo
10 hectogramos = 1 kilogramo

Líquidos

10 mililitros = 1 centilitro
10 centilitros = 1 decilitro
10 decilitros = 1 litro (l)
10 litros = 1 decalitro
10 decalitros = 1 hectolitro
10 hectolitros = 1 kilolitro

Factores de conversión métrica

Sistema métrico a inglés

Milímetros ÷ 25.4 = pulgadas
Centímetros x 0.3937 = pulgadas
Metros x 39.27 = pulgadas
Milímetros x 0.003281 = pies
Centímetros x 0.03281 = pies
Metros x 3.281 = pies
Metros x 1.094 = yardas
Kilómetros x 0.621 = millas
Kilómetros x 3280.7 = pies
Milímetros cuadrados ÷ 645.2 = pulgadas cuadradas
Centímetros cuadrados ÷ 6.452 = pulgadas cuadradas
Metros cuadrados x 10.764 = pies cuadrados
Kilómetros cuadrados x 247.1 = acres
Hectáreas x 2.471 = acres
Centímetros cúbicos ÷ 16.383 = pulgadas cúbicas
Metros cúbicos x 35.315 = pies cúbicos
Metros cúbicos x 1.308 = yardas cúbicas
Metros cúbicos x 264.2 = galones
Litros x 61.022 = pulgadas cúbicas
Litros x 0.2642 = galones
Litros ÷ 28.316 = pies cúbicos
Hectolitros x 3.531 = pies cúbicos
Hectolitros x 2.84 = bushels
Hectolitros x 0.131 = yardas cúbicas
Hectolitros x 26.42 = galones
Kilogramos x 2.2046 = libras
Kilogramos ÷ 1102.3 = toneladas

Sistema inglés a métrico

Pulgadas x 25.4 = milímetros
Pulgadas x 2.54 = centímetros
Pulgadas x 0.0254 = metros

Pies x 304.8 = milímetros
Pies x 30.48 = centímetros
Pies x 0.3048 = metros
Yardas x 0.9143 = metros
Millas x 1.6093 = kilómetros
Pies ÷ 3280.7 = kilómetros
Pulgadas cuadradas x 645.2 = milímetros cuadrados
Pulgadas cuadradas x 6.452 = centímetros cuadrados
Pies cuadrados ÷ 10.764 = metros cuadrados
Acres ÷ 247.1 = kilómetros cuadrados
Acres ÷ 2.471 = hectáreas
Pulgadas cúbicas x 16.383 = centímetros cúbicos
Pies cúbicos ÷ 35.315 = metros cúbicos
Yardas cúbicas ÷ 1.308 = metros cúbicos
Galones (231 pulg. cúbicas) ÷ 264.2 = metros cúbicos
Pulgadas cúbicas ÷ 61.022 = litros
Galones x 3.78 = litros
Pies cúbicos x 28.316 = litros
Pies cúbicos ÷ 3.531 = hectolitros
Bushels ÷ 2.84 = hectolitros
Yardas cúbicas ÷ 0.131 = hectolitros
Galones ÷ 26.42 = hectolitros
Libras ÷ 2.2046 = kilogramos
Toneladas x 1102.3 = kilogramos

LOS BIENES
RAÍCES Y LOS NÍMEROS
PRIMERA EDICIÓN
SEPTIEMBRE 10, 1997
TIRO: 3,000 EJEMPLARES
(MÁS SOBRANTES PARA REPOSICIÓN)
IMPRESIÓN Y ENCUADERNACIÓN:
ARTE Y EDICIONES TERRA, S.A.
OCULISTAS NO. 43
COL. SIFÓN
MÉXICO, D.F.
Printed in Mexico